NÃO ELOGIE O FUNCIONÁRIO POR FAZER BEM O SEU TRABALHO

NÃO ELOGIE O FUNCIONÁRIO POR FAZER BEM O SEU TRABALHO

E OUTRAS 40 PRÁTICAS EQUIVOCADAS QUE REPETIMOS NAS EMPRESAS

Técnicas para gerir e motivar realmente inovadoras

TRADUÇÃO
Camila Werner

LeYa

STEPHEN M. SHAPIRO

Título original: *Best Practices are Stupid*

Direção editorial: Pascoal Soto
Editor: Pedro Almeida
Editor Assistente: André Fonseca
Tradução: Camila Werner
Preparação de texto: Ana Carolina Nitto
Revisão: Rinaldo Milesi
Diagramação: Desígnios Editoriais
Capa: Osmane Garcia Filho

Dados Internacionais de Catalogação na Publicação (CIP)
(Câmara Brasileira do Livro, SP, Brasil)

Shapiro, Stephen M.
Não elogie o funcionário por fazer bem o seu trabalho e outras 40 práticas obsoletas que repetimos nas empresas / Stephen M. Shapiro ; tradução Camila Werner. -- São Paulo : Leya, 2012.

Título original : Best practices are stupid : 40 ways to out-innovate the competition.
ISBN 978-85-8176-016-0

1. Criatividade nos negócios 2. Eficácia organizacional 3. Grupos de trabalho 4. Mudança organizacional 5. Mudança organizacional – Administração 6. Planejamento empresarial I. Título.

12-05624 CDD-658.4063

Índices para catálogo sistemático:

1. Mudança organizacional : Administração de empresas 658.4063

Texto Editores Ltda.
(Uma editora do grupo LeYa)
Rua Desembargador Paulo Passalácqua, 86
01248-010 — Pacaembu — São Paulo — SP
www.leya.com.br/luadepapel
Twitter: @luadepapel_BRA / @EditoraLeya

Dedicatória

Para meus pais e minha irmã...
a melhor família do mundo.

Sumário

ESTRATÉGIA

Estratégias de inovação e clientes

ANÁLISES

Números para inovar e motivar

PESSOAS

Organização, liderança e cultura

CRIATIVIDADE

Técnicas para estimular o pensamento criativo

Introdução

Em 20 de abril de 2010, o meio ambiente sofreu um baque terrível. Naquele dia, a plataforma petrolífera Deepwater Horizon Unified Command, administrada pela British Petroleum (BP), explodiu, espalhando o equivalente a 180 milhões de galões de petróleo em mar aberto no Golfo do México, na costa leste dos Estados Unidos. Foram necessários 87 dias para vedar e parar o vazamento descontrolado do poço.

Nas semanas seguintes à explosão, cientistas, artistas de cinema e televisão e cidadãos preocupados tentaram criar maneiras de diminuir o fluxo de petróleo. Mas era difícil encontrar soluções possíveis de implementar, porque o poço ficava a quase 1,5 km abaixo da superfície do oceano. Várias tentativas falharam.

Para tentar encontrar soluções melhores, a Deepwater, encabeçada pela BP, lançou um site no qual qualquer um poderia propor ideias por meio de uma caixa de sugestões *on-line*. De acordo com o jornal *USA Today*, o site recebeu quase 125 mil ideias: 80 mil se referiam a parar o vazamento; 43 mil, a maneiras de limpar o petróleo do oceano.

Dessas ideias, cem foram consideradas tendo algum mérito, e duas dezenas foram testadas.

A princípio, parece ter sido uma empreitada bem-sucedida. Para uma empresa que estava prestes a perder bilhões de dólares com custos de limpeza, indenizações e vendas perdidas por causa da má publicidade, essa abordagem realmente pode ter sido uma boa estratégia.

Mas, em geral, os recursos necessários para responder a esse tipo de desastre não existem dentro das organizações. Embora uma solução pudesse ser encontrada com essa estratégia, não está claro que foi isso o que aconteceu. Mas, pense na mão de obra necessária para avaliar essas milhares de ideias. Se uma pessoa pudesse avaliar uma ideia em 30 segundos (em uma hipótese otimista, especialmente para uma questão técnica complexa como essa) e dedicar 40 horas por semana a essa tarefa, levaria mais de seis meses para analisar tantas sugestões, um investimento significativo para qualquer empresa.

Com tal estratégia de inovação, encontrar uma ideia útil seria como achar uma agulha em um palheiro. E lembre-se de que seria preciso um bom conhecimento técnico do assunto para poder sugerir algo de fato útil.

Infelizmente, essa "estratégia de inovação" é usada por muitas empresas bem-intencionadas na tentativa de ser inovadoras. Elas operam com a crença errônea de que conseguir mais ideias as levará a inovar. As organizações que usam essa linha de abordagem gastam muito tempo separando o joio do trigo. E, infelizmente, a grande maioria das ideias coletadas não serve para nada.

Como este livro vai revelar, e esse é apenas um dos pontos que citarei, você não precisa de mais ideias, mas focar sua energia em encontrar soluções para problemas prementes e que permitam à sua empresa ser mais inovadora. Além disso, é necessário abandonar práticas que se revelem inócuas, mas que boa parte dos gestores continua praticando. Também mostrarei neste livro que o segredo para inovar de maneira *bem-sucedida* está em inovar de maneira *eficiente*.

A imprensa e os gurus da inovação muitas vezes oferecem exemplos batidos, que causam confusão sobre como abordar o processo de inovação.

O site de buscas Google permite a seus funcionários usar 20% do tempo deles no desenvolvimento de novas ideias. "PhDs e outros gênios concordam em emprestar o cérebro para a gigante das buscas por quatro dias da semana e, como recompensa, têm o quinto dia livre, para trabalhar no projeto que quiserem." Muitos especialistas apontam isso como uma maneira eficiente de inovar. Na verdade, esse "investimento" foi criado para ajudar o Google a ganhar a "guerra por talentos", e pouco age no sentido de gerar novas fontes de lucro. Apesar do enorme investimento que esse "dia de folga" representa, 97% dos lucros da empresa vêm da publicidade, a mesma maneira como sempre fizeram dinheiro.

A 3M usa uma estratégia parecida: permite aos funcionários usar 15% do tempo deles na exploração de novas ideias. Certa vez, quando conversava com um funcionário da 3M sobre essa regra dos 15%, ele me disse: "Quinze por cento? Trabalho 60 horas por semana e não tenho tempo para os meus 15%". Tal resposta parecia envolver fins de semana de trabalho. Como Les Krogh, vice-presidente sênior de pesquisa e desenvolvimento, disse uma vez: "Se a 3M tem que fazer alguma coisa, ela vai fazer. Ela vai pegar 15% dos sábados e dos domingos, se necessário".

Temos de reconhecer que a abordagem da 3M de fato produziu algumas inovações incríveis. Tanto o Google quanto a 3M se beneficiam de uma força de trabalho das mais motivadas que existem no mercado. Mas essa estratégia vai funcionar na sua organização?

Então, existe uma maneira mais eficiente de inovar?

Deixar os funcionários dedicarem de 15% a 20% do tempo deles a esforços ligados à inovação que escolherem é algo parecido com o teorema do macaco: se você der um número infinito de máquinas de escrever para um número infinito de macacos, em algum momento eles escreverão *Guerra e paz*. A crença por trás disso é: se você der tempo suficiente para os seus funcionários experimentarem e desenvolverem ideias livremente, eles vão acabar encontrando a próxima nova grande inovação. (E não! Não estou sugerindo que seus funcionários sejam macacos.)

Apesar disso, ser capaz de fazer com que surjam novas ideias dificilmente será uma maneira eficiente de inovar.

Vamos encarar a realidade: esses modelos de inovação são antigos, ou seja, já não inovam tanto, não são mais tão eficientes e falham ao produzir resultados.

Está na hora de você ser inovador a respeito da maneira como inova, e de aplicar algumas ideias mais atuais ao seu processo de inovação.

Este livro é composto por 40 propostas criadas para ajudá-lo a fazer exatamente isso. Tais propostas foram desenvolvidas para auxiliá-lo a inovar de maneira diferente: mais eficiente e mais focada.

Algumas propostas nasceram com o propósito de mudar a maneira como você pensa sobre inovação. Outras foram criadas para mudar a sua maneira de inovar. Dependendo do seu nível de experiência, você talvez já conheça algumas delas, enquanto outras serão conceitos inéditos até para quem está mais conectado aos processos de inovação. E há as propostas que são úteis, em especial no nível organizacional, enquanto outras são conceitos importantes que devem ser levados em conta por todos os profissionais.

Em alguns casos, você talvez não concorde com o meu ponto de vista. Tudo bem! O objetivo de cada dica é fazer você e a sua equipe pensar. Não é preciso levar o que digo ao pé da letra.

Desafie cada conceito. Discuta-o. Veja como ele se aplica à sua organização. Quando se trata de inovar, não existe uma única solução que sirva para todos. Escolha as dicas que terão maior impacto na sua empresa.

Apesar de estarem organizadas em uma sequência lógica, as dicas aqui reunidas podem ser lidas em qualquer ordem, pois isso não afeta a compreensão delas. A primeira série introduz alguns dos conceitos mais conhecidos relacionados a "inovar a maneira como você inova", e o restante do livro é organizado em torno dos componentes da capacidade de inovar: processo, estratégia, análises, pessoas e tecnologia.

- *Processo*: a maioria dos esforços de inovação não é eficiente ou focada. Para consertar isso, você será apresentado à inovação estimulada pelo desafio, um processo eficiente para resolver seus problemas e oportunidades mais urgentes.
- *Estratégia*: se você não entende os desejos latentes dos seus clientes, seus esforços para inovar podem ser comparados a correr atrás de uma galinha. Armado com as vontades e necessidades verdadeiras dos seus clientes, você pode desenvolver uma estratégia mais poderosa.
- *Análises*: seus sistemas de medição podem estar acabando com seus esforços para inovar. Ao fazer algumas mudanças simples na sua estratégia de motivação, é possível estimular a criatividade e encorajar a inovação.
- *Pessoas*: a inovação depende de ter as pessoas certas – com pontos de vista divergentes – nos lugares certos. O segredo é tratar cada indivíduo como se ele fosse o dono do negócio, levando a tomada de decisões até os níveis mais baixos da organização.
    - ✓ *Criatividade*: um aspecto da dimensão "pessoas" são as competências. Em termos de inovação, uma dessas competências tem a ver com a habilidade de desenvolver

soluções criativas. As competências podem ser usadas em sessões de *brainstorming* ou como ferramentas de apoio para ajudar as pessoas a ser mais criativas.

- *Tecnologia*: tem papel crítico na busca de soluções para os desafios e permite a colaboração. Apesar de ser um componente distinto da inovação, o mundo da tecnologia está mudando rápido.

Sempre fico surpreso com a qualidade dos funcionários das empresas em todo o mundo. Fico ainda mais surpreso em ver como a maioria das empresas pouco explora o potencial inovador desses funcionários. Por isso, este livro oferece uma série de dicas e técnicas previamente testadas que lhe permitirão aproveitar ao máximo a sua força de trabalho e a de seus colaboradores.

Inovação é o segredo para o crescimento a longo prazo. Apesar de muitas empresas estarem apaixonadas pelas melhores práticas, como o título deste livro sugere, reproduzir o que outros já estão fazendo mantém você no mesmo jogo, pois, seguir os outros é o caminho mais rápido para se tornar irrelevante. Em vez disso, crie seu próprio caminho. Encontre outras maneiras criativas para estar na dianteira. Apenas por meio de mudanças constantes, rápidas e eficientes uma empresa pode sobreviver e crescer cada vez mais no mercado.

> Na maioria das estratégias de inovação, encontrar uma boa ideia é como encontrar uma agulha específica em uma pilha de agulhas.

PANORAMA

Inove a maneira como você inova

Antes de entrar em detalhes sobre a competência de inovação, vamos revisar alguns conceitos importantes. Neste capítulo, nem todo mundo terá a mesma opinião que eu. Isso é esperado, porque as dicas aqui reunidas desafiam a sabedoria convencional que domina o pensamento comum. No entanto, a grande taxa de fracassos da maioria dos esforços para inovar nos diz que, no fim das contas, essas abordagens convencionais podem não ser tão sábias assim. Prontos? Vamos começar.

Dica 1

Não é o mais forte que sobrevive, mas o mais adaptado

Já ouviu aquela piada sobre dois alpinistas fazendo trilha nas montanhas do Canadá? Depois de dar de cara com um urso faminto de 250 quilos, um deles tira a mochila e as botas e começa a calçar os tênis de corrida. O outro olha para ele e pergunta: "O que você está fazendo? Você não consegue correr mais rápido que um urso!". O primeiro responde: "Eu sei, mas só preciso correr mais rápido que você!".

Essa história mostra a essência da inovação. Inovar não tem a ver com ideias, produtos, processos, serviços, novos modelos de negócio, mas com estar um passo à frente do seu concorrente para que você não seja comido. De fato: há muitos concorrentes famintos por aí. E quando você está tentando ir mais rápido que o urso (seu concorrente atual), precisa garantir que não vai dar de cara com um crocodilo ou com um tigre (seu novo concorrente).

Inovação tem a ver com mudança. Não uma mudança única, mas uma mudança contínua. Tem a ver também com capacidade de se adaptar – e com flexibilidade e agilidade.

Pense no seguinte...

Quando o ritmo das mudanças fora da sua organização é maior que o ritmo das mudanças dentro dela, você será comido e passará por maus bocados tentando fazer seu negócio sobreviver. Como você bem sabe, hoje, o ritmo das mudanças fora da sua empresa é mais rápido do que nunca.

A *única* maneira de sobreviver é parar de tratar a inovação como algo que acontece uma vez na vida. Ela deve ser um processo contínuo e sem fim. No segundo que você descansar a cabeça nos louros da vitória, pode ter certeza de que alguém vai pegá-lo para café da manhã.

Mas a história dos alpinistas não termina com o primeiro dizendo "Só preciso correr mais rápido que você!". Ela continua com o outro respondendo "Então tente" e mantendo-se parado enquanto o primeiro alpinista sai correndo. O segundo alpinista sorri, porque sabe que os ursos enxergam muito mal e só caçam presas em movimento. O primeiro alpinista é comido. E o segundo reflete sobre a importância de compreender os hábitos de caça dos grandes carnívoros – e de escolher bem os amigos.

A moral da história é: apesar de as organizações quererem acelerar seus esforços para inovar e se mexerem rápido, correr na direção errada na verdade pode atrasá-lo e queimar seus recursos. Em vez disso, reaja de maneira calculada. Saiba o que vai melhorar o seu negócio, entenda o mercado e aproveite os pontos fortes da sua organização, focando no que é mais importante.

Os três níveis da inovação

A resposta está na compreensão básica dos três níveis da inovação.

Nível 1: Inovação como um evento: é neste nível que a maioria das empresas está. Elas fazem sessões de *brainstorming* ou promovem concursos de tempos em tempos para gerar novas ideias. Se uma boa ideia surge, há algum valor agregado à organização. Em alguns casos, a ideia pode até criar um valor enorme (como a invenção dos *post-its* pela 3M). No entanto, em geral, uma grande quantidade de trabalho é necessária para gerar uma ideia e colocá-la em prática.

Nível 2: Inovação como uma competência: este é o segundo nível de sofisticação. A organização cria estruturas e processos para definir problemas, gerar e avaliar soluções, e para desenvolver planos de ação a fim de pôr em prática essas soluções. O resultado é uma entrega realista baseada em um desafio ou em uma oportunidade organizacional.

Nível 3: Inovação como um sistema: este nível máximo tem a ver com criar um ambiente no qual a inovação está incorporada a tudo o que se faz, tanto no nível motivado pelo evento quanto no motivado pela competência, pois ela tende a ser reacionária e discreta. Trata-se de algo separado do negócio. Com a inovação incorporada, as pessoas inovam não apenas para lidar com os "problemas ou desafios" apresentados a elas, mas para lidar com tudo o que fazem. Elas melhoram produtos, processos e a própria empresa de maneira contínua e até mesmo radical.

Por onde começar?

O primeiro passo é criar um ambiente no qual a criatividade é encorajada e as soluções são executadas em resposta a desafios específicos. Esse é o nível 2: inovação como um processo e uma competência que podem ser reproduzidos. Na verdade, grande parte deste livro é dedicado a ajudar as organizações a atingir esse nível. Uma vez que isso tiver sido dominado, é mais fácil passar para a inovação como um sistema: o santo graal da inovação.

Com muita frequência, as organizações mandam funcionários frequentar aulas de criatividade. Quando voltam, estão animados para gerar novas ideias. Mas, infelizmente, se veem diante de um ambiente que abafa a criatividade e a inovação. Também ouvem que devem manter a cabeça abaixada e a boca fechada. Não há como aproveitar sua nova energia criativa. Assim, ficam insatisfeitos e frustrados. E agora você tem um problema moral ainda maior: ideias criativas sem um ambiente que encoraja a inovação levam à insatisfação dos funcionários. Uma mudança geral em direção a uma cultura de inovação deve ser colocada em prática dentro da empresa antes de as pessoas serem treinadas para pensar de maneira criativa.

Apesar de se acreditar que Darwin sugeriu que são os fortes que sobrevivem, sua visão sobre "seleção natural" era esta: o mais importante não é a forma física, mas a capacidade de adaptação.

Esse é o objetivo da inovação. As organizações mais inteligentes não vão sobreviver. A empresa com mais dinheiro pode perder credibilidade de maneira rápida. Mas a organização que se adapta e evolui em resposta às constantes mudanças do mercado vai crescer a longo prazo.

> Quando o ritmo das mudanças fora da sua organização é mais rápido do que dentro dela, você será engolido.

Dica 2

Como evitar ser um sucesso de uma música só?

Você conhece bandas como Lipps, Inc., The Sugarhill Gang ou Hadaway? Talvez conheça a música que tornou cada uma delas famosa: "Funkytown", "Rapper's Delight" e "What Is Love", respectivamente. Esses artistas foram "sucessos de uma música só". Chegaram ao topo das paradas uma vez e nunca mais ouvimos falar deles.

Isso não é muito diferente do que acontece com vários negócios: eles criam uma ideia boa para ganhar impulso, mas logo caem em desgraça. O que você pode fazer para evitar que sua organização se torne um sucesso de uma música só? Garanta que os esforços para inovar sejam previsíveis e sustentáveis, tratando-os como qualquer outra competência da sua empresa.

Por exemplo, pense sobre a competência financeira da sua organização. Ela conta com especialistas treinados (como CPAs), análises (como Contas a Receber), suporte tecnológico (como Oracle ou SAP), processos (como fechar a contabilidade no final do ano), um responsável (o CFO) e uma estratégia. Sua competência de inovação também exige todos esses elementos e mais, incluindo especialistas treinados em inovação, além de análises da inovação, tecnologias de gerenciamento da inovação, um processo de inovação, um "responsável" pela inovação e uma estratégia de inovação claramente articulada.

Com essas peças no lugar, você pode começar a tornar a inovação um processo reproduzível e previsível, no qual a criatividade é encorajada por toda a empresa e as melhores soluções são implementadas. Esse é o segundo nível de inovação descrito na dica anterior: inovação como uma competência.

Cinco componentes fundamentais são exigidos para uma inovação bem-sucedida a longo prazo.

Estratégia: é necessário uma estratégia para decidir quando, onde e como a inovação será usada dentro da empresa. E mais importante: ela deve responder por que inovar. Você está apenas procurando uma nova linha de produtos? Quer atender melhor seus clientes? Quer criar uma organização mais ágil, flexível e adaptável? Para uma determinada empresa, o mantra da inovação era "2 x 10" – tornar-se um negócio de 2 bilhões de dólares em 2010. Isso deixou claro para todos os funcionários por que a inovação era necessária e o que significava entregar ideias inovadoras. Já outra empresa estava focada apenas nos clientes, tendo como mantra: "Inovação é qualquer coisa que melhora a vida do cliente".

Análises: a inovação, como qualquer outra competência, precisa poder ser medida e analisada. Você deve analisar o valor da sua linha de inovação. Quem será analisado? Que tipos de análises serão usadas? Como você irá medir valores menos tangíveis, como a capacidade de se adaptar? De que forma irá relacionar inovação e resultados do negócio como um todo?

Pessoas: seu povo é sua cultura. Se você quer uma cultura de inovação, seus funcionários precisam adotar ações, valores, crenças, habilidades e linguagens condizentes com esse objetivo. Todos, em todos os níveis, têm de gostar de lidar com pontos de vista divergentes. A criatividade deve ser encorajada e valorizada. E você precisa da organização e dos modelos de liderança certos e funcionando.

Processo: a inovação exige um modelo de ponta a ponta para encontrar, gerar, selecionar e executar soluções inovadoras. Como você irá descobrir, o processo de inovação recomendado é o que começa com um desafio e termina com a criação de valor para a organização.

Tecnologia: empresas inovadoras usam ferramentas colaborativas para permitir a comunicação entre funcionários, clientes, fornecedores e especialistas externos. As soluções são capturadas de maneira a facilitar a disseminação e a replicação do pensamento inovador. Essas tecnologias permitem a comunicação em todos os níveis, entre todas as organizações, e além das fronteiras dos negócios.

Você vai perceber que este livro é, em grande parte, organizado em torno de cada um desses componentes, e que oferece ainda mais detalhes sobre como pôr em prática uma competência de inovação na sua empresa.

Por muito tempo, a inovação foi relegada aos cantos mais obscuros dos departamentos de pesquisa e desenvolvimento e às salas de conferência de *brainstormers* bem-intencionados. Mas agora é o momento de trazê-la para a linha de frente do seu negócio. E de torná-la uma competência com o mesmo *status* dos departamentos financeiro, de vendas ou de *marketing*. Fazer isso evitará que seus esforços para inovar se tornem um sucesso de uma música só.

Por muito tempo, a inovação foi relegada aos cantos mais obscuros dos departamentos de pesquisa e desenvolvimento e às salas de conferência de *brainstormers* bem-intencionados. Mas agora é o momento de trazê-la para a linha de frente do seu negócio.

Dica 3

Pedir ideias é uma péssima ideia

Um grande banco de varejo europeu, que estava sofrendo ao ter sua fatia de mercado em queda, achou ter tido uma grande ideia para resolver o problema: seus executivos decidiram receber sugestões de todos os funcionários sobre como fazer os negócios melhorarem e crescerem, e, para isso, disponibilizaram uma caixa de sugestões eletrônica que podia ser acessada por toda a empresa. Esses executivos acreditavam que isso iria ajudá-los a tirar proveito de inovações que ainda não haviam sido descobertas. Parece uma ótima ideia, não? Não!

Os executivos do banco receberam, de fato, milhares de ideias. Os avaliadores analisaram cada uma e, no final, nenhuma foi posta em prática. Todo o programa de inovação da empresa durou dezoito meses, até que foi finalmente fechado e considerado um grande erro.

Na tentativa de ser mais inovadoras, muitas empresas começam pedindo ideias aos funcionários. Algo que, na verdade, é uma péssima ideia! Na maioria das vezes, as sugestões tendem a ser impraticáveis, ter pouco valor, e só acabam criando uma enorme quantidade de lixo improdutivo no sistema.

Isso aponta para uma das análises mais importantes, mas ainda pouco levada em consideração no processo de inovação: a "relação sinal-ruído".

Relação sinal-ruído é um termo de engenharia usado para quantificar quanto do sinal está sendo corrompido pelo ruído. Por exemplo, em uma gravação de áudio, o sinal é a música, e o ruído é qualquer chiado ao fundo. Uma relação alta indica mais sinal do que ruído, que é o objetivo máximo. Muitos fóruns de discussão *on-line* usam esse termo para descrever a relação entre informações úteis e *spam*, informações falsas ou irrelevantes.

Esse último uso do termo é o que melhor se aplica à inovação, área em que o sinal é composto por soluções que são executadas e geram valor. O ruído são todas as ideias que nunca serão postas em prática e as sugestões inúteis e sem importância que não geram valor.

Para aumentar a relação sinal-ruído de inovação dentro da sua empresa, comece parando de pedir ideias.

Caixas de sugestões estão entupidas de ruído, e a quantidade de tempo necessária para peneirar ideias ruins e encontrar ouro é enorme. Mesmo quando você encontra uma sugestão boa, o esforço necessário para reunir todos da empresa a fim de implementá-la pode ser significativo.

Depois dos esforços de inovação do banco, fui solicitado a fazer uma análise póstuma do que havia dado errado. Ao estudar as sugestões, descobri que as ideias podiam ser divididas em três grandes grupos:

Inúteis: era óbvio que grande parte das ideias não valia a pena. Não eram novas ou dificilmente trariam uma taxa de retorno positiva. Pode ser que houvesse uma ideia útil entre elas e que acabou sendo perdida. No entanto, a energia necessária para desenvolvê-la provavelmente não valeria o esforço.

Falsos negativos: boa ideias que, por alguma razão, os avaliadores deixaram passar. Parte disso tem a ver com as tendências dos avaliadores, e algumas vezes com a falta de conhecimento deles. Com frequência, tais ideias eram descartadas porque não estavam completamente desenvolvidas, dificultando a tarefa de analisá-las de maneira apropriada.

Ideia boa sem lar: essa era a categoria mais desconcertante. Eram ideias boas, das quais os avaliadores gostaram, mas infelizmente não havia lugar ou estratégia dentro da organização para implantá-las. Como resultado, apodreceram no pé e jamais foram usadas, pois o banco nunca conseguiu os recursos de pessoal e os fundos necessários para levá-las ao próximo estágio.

A experiência do banco não é única entre as organizações. Uma empresa de *softwares* bem conhecida tinha um programa de ideias que gerou dezenas de milhares de sugestões. Menos de uma dúzia mostrou ter algum valor, e o programa acabou sendo descartado por completo.

Um grande varejista dos Estados Unidos era conhecido por promover todos os anos uma competição, amplamente divulgada, na qual os funcionários (e, em alguns casos, clientes) sugeriam novas ideias de produtos. O vencedor ganhava um cheque gordo e a empresa colocava em prática a ideia dele. Perguntei à pessoa responsável por esse programa se ele era um sucesso. Ela pensou um pouco e respondeu: "Era um sucesso de RP, mas um fracasso comercial". A competição gerava mídia, mas nenhum dos produtos criados gerou uma taxa positiva de retorno de investimento.

Enquanto as competições baseadas em ideias dentro das empresas não geraram bons resultados, os programas que focavam em lidar com oportunidades específicas de melhoria dos produtos eram um grande sucesso comercial. O fato de essa empresa ter recentemente deixado de promover tal concurso nos dá uma noção de quanto valor essas ideias inovadoras trouxeram para ela.

Outro problema em pedir ideias é que não há controle, ou seja, como cada pessoa tende a desenvolver ideias em seu próprio tempo, não há métodos de análise capazes de controlar quanta energia está sendo investida na geração de ideias. Se você investe nisso, provavelmente está gastando mais dinheiro do que imagina com tais iniciativas. Talvez seja possível medir a taxa de retorno de uma ideia específica, mas é difícil determinar a taxa de retorno geral de um programa baseado em ideias. Não há como saber quanto tempo foi gasto para pensar nas milhares de tranqueiras que nunca viram a luz do dia.

Minha sugestão? Jogue sua caixa de sugestões fora!

Muitas vezes, as empresas ficam encantadas ao coletar um grande número de ideias de funcionários e clientes. E, apesar de elas poderem ser úteis para a moral dos funcionários, se optar por seguir esse caminho, você precisa ter certeza de que vai colocar em prática um número suficiente de ideias, a fim de manter o entusiasmo. Infelizmente, como a maioria das sugestões dadas não é posta em prática, isso acaba com a moral de funcionários e clientes, além de deixar a organização com um monte de trabalho extra.

Agora, se você tem uma quantidade infinita de recursos, tempo e dinheiro, então uma abordagem motivada pelas ideias pode ser útil para encontrar pedras preciosas que estão escondidas.

Mas, na maioria das vezes, a melhor ideia é, de fato, parar de pedir ideias.

> Uma das análises mais importantes,
> mas ainda pouco levada em consideração no processo
> de inovação, é a relação sinal-ruído.

Dica 4

Não pense fora do quadrado, ache outro quadrado

Líderes empresariais com frequência usam a expressão "pense fora do quadrado" para estimular os funcionários a inovar. Acredita-se que eliminar as restrições e permitir que as pessoas pensem livremente irá aumentar a criatividade.

Apesar de esse método de inovação, que começa do zero, fazer parte da sabedoria popular, tal abordagem sem limites na verdade reduz a criatividade e leva a soluções abstratas ou impraticáveis. Um roteirista de televisão de Hollywood certa vez me disse que na verdade gostava da ideia de criatividade com restrições, porque assim ele tinha um ponto de partida a partir do qual podia improvisar.

Em vez de dizer aos seus funcionários para pensar fora do quadrado, dê-lhes um quadrado melhor a partir do qual possam inovar. Essas restrições, na verdade, irão aumentar a criatividade e levar a soluções úteis.

Dizem que Albert Einstein afirmou: "Se eu tivesse 1 hora para salvar o mundo, passaria 59 minutos definindo o problema e 1 minuto procurando soluções". Na minha experiência, a maioria das empresas gasta todos os 60 minutos procurando soluções para problemas que simplesmente não importam.

Desafios bem definidos guiam os esforços de inovação, oferecem restrições úteis e definem melhor o quadrado.

Inovação motivada pelo desafio

Todas as empresas têm desafios. Eles podem ser técnicos, como criar um determinado composto químico; de *marketing*, como descrever melhor seu produto e aumentar a fatia de mercado; de RH, como aumentar o envolvimento dos funcionários; ou podem ser desafios para melhorar os processos organizacionais. O fato é que na sua organização não há falta de problemas; na verdade, eles podem ser encontrados em toda parte – entre clientes, funcionários, acionistas, consultores, distribuidores, concorrentes, e muito mais. Assim, a habilidade de mudança da sua empresa (quer dizer, de inovação) depende da sua habilidade em identificar e solucionar esses desafios.

Por que inovar motivado pelo desafio?

Há diversas vantagens em usar uma abordagem motivada pelo desafio em vez de uma abordagem motivada pela ideia:

- Desafios são a melhor maneira de pedir ajuda aos seus funcionários, clientes, ou a qualquer outro grupo ligado à empresa, pois isso lhes permite focar energia em encontrar soluções que, no final, serão relevantes para a organização.
- Por causa da natureza dos desafios, existem ferramentas para avaliar a quantidade de tempo gasto para encontrar soluções. Quando a inovação motivada pelo desafio é feita de

maneira apropriada, é possível medir a taxa de retorno de cada desafio e do programa como um todo.

- Com uma abordagem motivada pelo desafio, você pode designar responsáveis, recursos e fundos, avaliadores e critérios de avaliação *antes* de investir tempo valioso dos funcionários e de outras pessoas.
  - ✓ *Responsável/patrocinador*: em quase toda situação, um desafio tem um lar, ou seja, alguém quer que esse problema seja resolvido. Portanto, designe um responsável pelo desafio logo de cara. Isso garante que quando uma solução for encontrada, os procedimentos necessários para colocá-la em prática poderão seguir em frente de forma rápida.
  - ✓ *Recursos e fundos*: a fim de implantar qualquer solução, é preciso pessoas e dinheiro. De acordo com a importância e o escopo de um desafio, aloque esses recursos com antecedência, para que quando a solução surgir, não seja preciso se debater para encontrá-los.
  - ✓ *Avaliadores*: quando as soluções forem apresentadas, deve haver um grupo de pessoas designado para avaliá-las. Deixe de prontidão avaliadores que compreendam o quadro geral e que ajudem a garantir que as melhores soluções serão selecionadas.
  - ✓ *Critérios de avaliação*: este é o ponto mais importante. Estabeleça critérios de avaliação antes de propor o desafio, criando assim um processo de autoanálise. Isso ajuda as pessoas que oferecerão as soluções a conhecer os limites dentro dos quais suas soluções devem estar, evitando assim respostas exageradas ou irrelevantes.

A abordagem motivada pela ideia não permite nenhuma das vantagens citadas anteriormente. Com desafios bem definidos, todas elas são possíveis.

A diferença entre uma abordagem motivada pela ideia e uma abordagem motivada pelo desafio é análoga à diferença entre duas técnicas de pescaria. As abordagens motivadas pelas ideias são como um pescador que escolhe um lugar aleatório no meio do oceano e joga uma rede caríssima. Usar uma abordagem sem objetivo pode dar alguns peixes, mas o pescador também vai pegar sapatos, pneus, algas e outros itens indesejados. E o peixe que ele pegar provavelmente não vai ser da espécie que procurava.

Compare isso com um pescador que localiza um cardume de peixes e então escolhe a vara, a carretilha, a linha, o *leader*, a isca e o anzol apropriados para pegar exatamente o tipo de peixe que deseja, minimizando as perdas de maneira eficiente e maximizando os resultados dos seus esforços. Como diz o velho ditado: "Se quer pescar, vá para onde os peixes estão". Essa é a abordagem motivada pelo desafio.

Estabelecer limites não impõe necessariamente restrições aos esforços para inovar. Na verdade, se feito da maneira correta, a limitação terá a capacidade de aumentar de maneira considerável a criatividade e a eficiência da organização. Então, da próxima vez que se sentir tentado a dizer "pense fora do quadrado", pense de novo.

> Dizem que Albert Einstein afirmou: "Se eu tivesse 1 hora para salvar o mundo, passaria 59 minutos definindo o problema e 1 minuto procurando soluções". Na minha experiência, a maioria das empresas gasta todos os 60 minutos procurando soluções para problemas que simplesmente não importam.

Dica 5

A especialização é inimiga da inovação

A Unilever, gigante de bens de consumo, queria desenvolver uma pasta de dentes que clareasse os dentes sem usar os métodos tradicionais com cloro ou abrasivos. Os especialistas da área não tinham uma solução. Reconhecendo as limitações do próprio conhecimento, perguntaram-se: "O que torna os dentes mais brancos?". Logo perceberam que outra unidade da empresa fazia sabões em pó que clareavam as roupas sem usar cloro. O que descobriram é que a maioria dos sabões em pó usava um agente que tingia o tecido de azul e que fazia o branco *parecer* branco. Armados com essa informação, criaram a pasta de dentes "Signal White Now" (e outras marcas na mesma linha). No lugar de usar cloro e abrasivos fortes, a pasta de dentes contém um corante azul no meio que cria a ilusão de ótica imediata de dentes brancos. Os especialistas em pasta de dentes da Unilever pareciam incapazes de resolver esse problema sozinhos. Essa solução inovadora apenas foi descoberta quando pessoas com diferentes especializações foram reunidas.

Isso pode parecer surpreendente, mas não é algo incomum. A especialização pode, sim, ser inimiga do pensamento inovador. Quanto mais você sabe sobre um determinado tópico, mais difícil é pensar sobre ele de maneira diferente. É provável que suas soluções serão ideias do tipo "já passei por isso, já fiz isso", e limitadas à sua área de conhecimento. Se quiser romper barreiras, reúna pessoas de diferentes áreas de conhecimento, formações e experiências.

Tal ideia foi confirmada por uma pesquisa realizada por Lee Fleeming, professor de administração de empresas da Harvard Business School. Ao analisar dezessete mil patentes, Fleeming descobriu que inovações surgidas a partir de trabalhos multidisciplinares "normalmente são de valor fora do comum – superior às melhores inovações alcançadas por meio de abordagens convencionais".

Sua pesquisa destacou os prós e os contras de cada método. Ele descobriu que equipes compostas por pessoas com formações parecidas têm um grande número de sucessos, mas ainda assim poucas inovações. Porém, equipes multidisciplinares têm uma taxa de fracasso maior, mas suas inovações são mais radicais e têm o potencial de criar um valor inacreditável.

Existe um jeito de conseguir todos esses benefícios associados à diversidade sem nenhum dos efeitos negativos?

Sim. É o que chamamos de inovação aberta.

A inovação aberta é um processo de inovação no qual você envolve pessoas de fora da organização para ajudá-lo a resolver problemas dela. Uma forma comum de inovação aberta é postar seu desafio em um *site* e um grupo de especialistas de várias áreas e de fora da empresa oferecer soluções. Muitas empresas acham essa ferramenta útil para acelerar o processo de inovação porque tira proveito de especializações que podem não existir dentro da organização.

Um concurso de inovação muito conhecido foi o Netflix Prize. A Netflix, empresa norte-americana de aluguel de filmes via *download*, queria melhorar a qualidade da sua ferramenta de recomendação de filmes em 10%, o que foi avaliado como valendo milhões de dólares em lucro adicional para a empresa. Em vez de tentar melhorar o algoritmo responsável por essa ferramenta dentro da própria organização, a Netflix decidiu dar um prêmio de 1 milhão de dólares para a primeira pessoa ou equipe que conseguisse encontrar uma boa solução. Apesar de ter levado três anos, uma equipe de sete pessoas, composta por estatísticos, especialistas na área de programação e engenheiros de computação dos Estados Unidos, Áustria, Canadá e Israel desenvolveu um algoritmo que melhorava as recomendações em 10,06%, o que os fez receber o prêmio em dinheiro. Para a empresa, isso foi uma pechincha, pois teria lhe custado muito mais desenvolver a solução internamente – isso se ela encontrasse uma.

Funciona assim: você posta um desafio em seu *site* ou no *site* de um intermediário. Depois de um curto período de tempo, receberá dúzias ou centenas de soluções, mas bem menos do que receberia usando a inovação motivada pela ideia. Apesar de algumas não serem úteis, basta uma solução que funcione. E em algumas formas de inovação aberta, você só paga pelas soluções que funcionam. Mas a verdadeira vantagem é que pessoas de muitas áreas podem se aventurar fornecendo diversas soluções, aumentando, assim, as chances de inovação. E se você abrir a inovação de maneira correta, não ficará mergulhado em sugestões inúteis.

Lembra-se do derramamento de óleo de que falamos no começo do livro? A BP recebeu 123 mil ideias. Compare isso com a maneira como a inovação aberta foi aplicada a outro derramamento de óleo: o desastre com o *Exxon Valdez*.

Em 1989, o petroleiro *Exxon Valdez* bateu contra um recife na enseada Príncipe Guilherme, no Alasca, derramando 10,8 milhões de galões de petróleo na água. Apesar de parte do petróleo ter sido recuperada, uma grande quantidade ainda permaneceu presa debaixo do gelo. Quando as equipes tentaram tirar o petróleo do lugar, a mistura de água e petróleo congelou. Engenheiros petrolíferos trabalharam nesse desafio por vinte anos sem encontrar uma solução viável até descobrirem a inovação aberta. Então eles postaram um desafio bem elaborado no *site* de um intermediário, a InnoCentive, empresa que possui uma grande rede de especialistas em diversas áreas que resolvem problemas complexos como esse em troca de prêmios em dinheiro.

Uma solução para o problema foi encontrada rapidamente. O interessante é que a ideia vencedora não veio da indústria do petróleo, mas de alguém da área da construção civil que tinha enfrentado um desafio parecido com cimento molhado: ele precisava encontrar uma maneira de evitar que o cimento endurecesse logo após ser espalhado. Por conta disso, esse químico desenvolveu um equipamento que vibra as moléculas para que elas fluam de modo contínuo. Ele imaginou que se as vibrações podiam evitar que o cimento endurecesse, então um conceito parecido poderia ser adaptado e evitar que o petróleo congelasse. Reunir áreas de conhecimento diferentes por meio de uma plataforma de inovação resolveu um problema que se arrastava por décadas.

Outro ótimo exemplo vem da NASA. A atividade solar é um grande problema para as viagens espaciais e pode ser bastante perigosa para os astronautas. Durante décadas, os cientistas da agência espacial norte-americana tentaram sem sucesso encontrar uma forma de prever a atividade solar com alto grau de precisão.

Para encontrar uma solução, voltaram-se para a inovação aberta. Os critérios do desafio eram que a solução deveria fornecer uma previsão da atividade solar em 24 horas, ter 50% de precisão e estar entre dois sigmas (uma medida de qualidade no qual números maiores são melhores). A melhor solução obtida previa as atividades solares em 8 horas, tinha 70% de precisão e estava entre três sigmas. Foi uma melhora incrível e acima das expectativas iniciais da NASA. Quem tinha a solução? Um engenheiro aposentado que estudava ligações de celular que caíam e que, durante o processo, descobriu um modelo de previsão das erupções solares.

Às vezes, as melhores soluções vêm de fora da sua área de especialização e das quatro paredes da sua empresa. No fim das contas, através da inovação aberta, você talvez ache soluções para problemas que estavam deixando seus especialistas de cabelo em pé há anos.

> Se você fosse a NASA e tivesse cem engenheiros aeroespaciais trabalhando em um desafio, colocar o 101° engenheiro pode não ajudar muito. Mas acrescentar um físico, um nanotecnólogo, um químico, um biólogo, ou mesmo um músico, pode levar suas soluções para uma direção completamente nova.

PROCESSO

Inovação motivada pelo desafio

A inovação eficiente exige um processo de inovação também eficiente. Quando feito de maneira correta, começa com um desafio e termina com a criação de valor. Infelizmente, o processo usado pela maioria das organizações não é focado e, na verdade, cria trabalho desnecessário. Esta seção explora os diversos aspectos do processo de inovação: desafios, concorrência, colaboração e *crowdsourcing*. Seus esforços de inovação serão mais focados e eficientes se você usar essas estratégias de maneira combinada.

Dica 6

A diferença entre canal e esgoto é o que passa dentro dele

O maior desafio que as empresas encaram é descobrir quais desafios resolver. Chamo isso de "metadesafio". Como as organizações têm recursos e dinheiro limitados, é essencial priorizar.

Diversas empresas conhecidas investiram mal em inovação, o que resultou em desastre. Apesar de a Blockbuster, Inc., rede norte-americana de aluguel de filmes, estar constantemente inovando, nunca foi inovadora onde era mais necessário: em seu modelo de negócio. Como resultado, investiu muita energia, mas ainda assim não chegou a lugar algum e acabou pedindo concordata. Da mesma forma, o famoso Palo Alto Research Center (PARC – Centro de Pesquisas de Palo Alto), da Xerox, sempre focou em inovações radicais, mas mesmo assim nunca encontrou maneiras de colocar suas invenções no mercado. A Apple foi a maior beneficiária do trabalho duro realizado no PARC.

Administre seu canal de inovação da mesma maneira que administra sua carteira de investimentos pessoais. Colocar todo o seu dinheiro em uma poupança que rende 1% ao mês pode ser seguro, mas seu investimento nunca vai crescer e muito provavelmente você vai terminar pobre. Do mesmo modo, colocar todo o seu dinheiro em derivativos e investimentos especulativos arriscados com grande potencial de valorização apresenta ao mesmo tempo uma grande chance de desvalorização e é quase certo que o levará para a sarjeta.

Sua carteira de inovação

Da mesma forma, sua carteira de inovação deve ser composta por um conjunto variado de investimentos em diversos tipos de desafio: algumas apostas seguras (inovação incremental), com alguns investimentos mais arriscados (inovação radical). Cabe a você decidir a proporção correta. Busque uma variedade de desafios, que vão desde desafios para a melhoria de serviços, produtos e desempenho, até desafios para mudar o modelo de negócio.

Os desafios tendem a ser classificados em duas grandes categorias: técnicos (por exemplo, como criar um novo composto químico com propriedades específicas) e de *marketing* (por exemplo, como fazer as mulheres beberem mais cerveja).

Quando você mapeia essas duas dimensões, chega ao seguinte quadro com quatro grandes categorias de desafios:

Inovação incremental: é o equivalente a investir em CDB e no mercado financeiro. São retornos fáceis e garantidos. Mas não coloque todos os seus ovos nessa cesta. Muitas apostas seguras, a longo prazo, são na verdade incertas. Em geral, essas inovações são fáceis do ponto de vista técnico e também têm um benefício claro para o cliente. A nova geração do seu produto ou serviço, por exemplo, com frequência vai cair nessa categoria.

Inovação técnica: essa categoria tem a ver com qualquer inovação que sirva a uma necessidade bem estabelecida, mas cujo

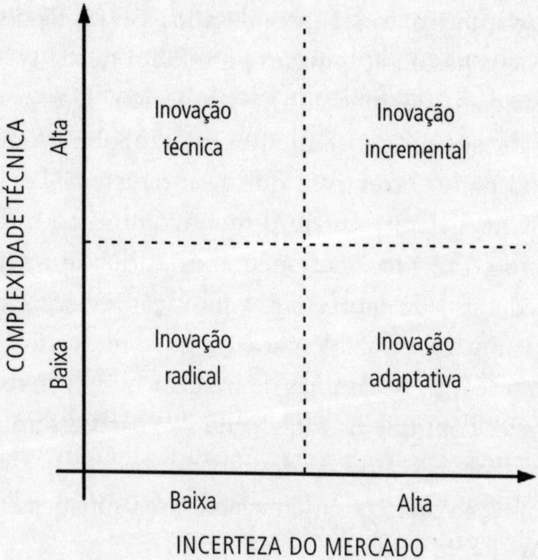

desenvolvimento técnico seja complexo. O exemplo óbvio é encontrar uma cura para uma doença, mas outros podem incluir o citado exemplo da NASA ou a criação de uma lâmina feita de plástico mas com a mesma resistência do aço. Para esse tipo de desafio, como você irá descobrir, a inovação aberta (descrita na dica anterior) é bastante útil quando se deseja encontrar soluções para desafios técnicos complexos. (Veja as dicas de 8 a 11.)

Inovação radical: essas inovações são tecnicamente complexas e têm um alto nível de incerteza no que tange ao mercado. O Walkman da Sony (agora aposentado) é um exemplo batido disso. A integração feita pela Apple entre o iTunes e o iPod poderia cair nessa categoria, porque a parte "tecnicamente" difícil era fazer com que todos os artistas e gravadoras concordassem em vender música em formato digital. Esses desafios são os mais arriscados, porque podem custar caro e têm pouca probabilidade de dar certo. Mas, quando dão, podem mudar o jogo.

Inovação adaptativa: todos esses desafios são fáceis de executar do ponto de vista técnico, mas representam ter de se afastar de uma necessidade do mercado já conhecida. Como resultado, você não sabe se seus consumidores estarão interessados em sua inovação ou como fazer para que se interessem. Por exemplo, quando a Chrysler introduziu o monovolume no mercado, foi por um esforço técnico incremental, mas que apresentava um complexo desafio de *marketing*: a inovação estava em adaptar um produto antigo e trazê-lo para um novo mercado. Por exemplo, uma fabricante de lâminas de barbear queria encontrar maneiras de fazer com que os adolescentes se barbeassem com mais frequência. Para esse tipo de desafio, muitas vezes a resposta é uma combinação de experimentação e uma sofisticada pesquisa de mercado. (Veja as dicas 13, 14 e 24.)

Não é importante discutir onde desafios específicos poderiam ser enquadrados. Por exemplo, você pode afirmar que o iPod/iTunes foi ao encontro de uma necessidade conhecida do mercado, uma vez que os consumidores já estavam baixando música em formato digital no Napster, mas sem pagar. O segredo é ter certeza de que você tem um conjunto bem equilibrado de diferentes tipos de desafios. Isso pode ajudar a proteger as suas apostas.

Em *Alice através do espelho*, de Lewis Carroll, a Rainha de Copas diz: "É preciso correr o máximo que você puder para ficar no mesmo lugar". Investir apenas em inovações incrementais resulta em muito trabalho e pouco progresso. No entanto, arriscar-se demais vai fazer com que você seja derrubado a maior parte do tempo. Diversifique a sua carteira de inovações para manter seu canal desobstruído.

> Muitas apostas seguras, a longo prazo,
> são na verdade incertas.

Dica 7

O princípio da Cachinhos Dourados

Conhece a história da Cachinhos Dourados? Ela entra na casa de três ursos. Depois de experimentar o mingau deles, decide dormir. Acha a cama do Papai Urso muito dura, a da Mamãe Ursa muito mole, mas a do Ursinho é perfeita. O mesmo acontece quando definimos desafios. Eles não podem ser grandes demais (amplos e abstratos, como pedir novas ideias) ou muito pequenos (específicos demais, como um problema extremamente técnico que só pode ser resolvido por uma única área de conhecimento). Eles precisam ser perfeitos – formulados de maneira a maximizar a possibilidade de encontrar uma solução que funcione.

Na hora de formular desafios, use o princípio da Cachinhos Dourados:

É comum que uma empresa peça a seus funcionários que encontrem maneiras de aumentar o lucro. Além de pretensioso, propor esse tipo de desafio generalista resulta, em geral, em soluções irrelevantes. Em vez de pedir às pessoas que resolvam problemas amplos, faça-lhes perguntas específicas, que mais provavelmente resultarão em uma solução que pode ser posta em prática. Por exemplo, há mercados específicos nos quais ainda não entrou? Você está de fora de segmentos de consumo que apresentam oportunidades maiores?

MUITO GRANDE
Amplo e abstrato

PERFEITO
Possibilidade máxima de resolução

MUITO PEQUENO
Específico demais e para uma única área de conhecimento

Quando uma empresa de telefonia celular quis melhorar sua prestação de serviço ao cliente, em vez de simplesmente perguntar às pessoas como fazer isso, ela analisou as chamadas dos clientes para o *call center* e descobriu que havia dez razões principais pelas quais eles ligavam. Uma das mais comuns tinha a ver com uma questão específica da conta de telefone. A solução? Concluiu-se que a melhor maneira de melhorar o serviço ao cliente no *call center* não tinha nada a ver com o *call center* em si. Pelo contrário: envolvia uma mudança nas tarifas associadas àquela questão específica. Essa pequena mudança resultou em uma queda drástica no volume de chamadas e em uma maior satisfação dos clientes. A única maneira pela qual essa solução poderia ter sido encontrada foi fazendo uma pergunta mais específica e fundamentada em dados concretos.

Considere outro exemplo: uma organização sem fins lucrativos que queria melhorar o sistema educacional da Inglaterra.

Novamente, um objetivo pretensioso. Se os líderes dessa organização tivessem pedido às pessoas soluções para um problema tão amplo, as respostas seriam vagas. Em vez disso, eles pesquisaram. E descobriram que o fator de maior peso na educação de uma criança não era o sistema educacional em si, mas o envolvimento dos pais. Portanto, o desafio se tornou como fazer para aumentar o envolvimento dos pais na educação das crianças, em especial em comunidades urbanas e desfavorecidas. Os dados coletados e as pesquisas realizadas forneceram percepções mais profundas da questão. Assim, as soluções foram mais focadas, práticas e valiosas do que teriam sido se a pergunta tivesse abrangido todo o sistema educacional. A solução encontrada baseava-se no trabalho realizado em uma escola experimental de Bogotá, na Colômbia, na qual o envolvimento dos pais atingiu quase 100%, e, consequentemente, o aprendizado dos estudantes foi às alturas. A solução vinda do outro lado do mundo agora tinha o potencial de mudar os resultados escolares dos estudantes britânicos.

A NASA teve muito sucesso ao se utilizar da inovação aberta. Seus cientistas encontraram soluções para problemas que vinham atrapalhando as viagens espaciais por décadas. Por conta disso, um desafio também foi lançado para encontrar um eficiente sistema de lavanderia na microgravidade. As soluções que receberam, porém, não foram tão úteis quanto esperavam. No entanto, aprenderam duas lições importantes com essa experiência.

Primeira: perceberam que pedir um "sistema" pode ter sido complexo demais, e que um desafio grande como esse talvez fosse resolvido de maneira mais eficiente se tivesse sido dividido em uma série de desafios menores (por exemplo, se tivessem proposto um desafio para a criação de uma válvula específica).

A segunda lição, e potencialmente a mais importante, era que talvez eles tivessem recebido respostas melhores se fizessem uma pergunta de um nível ainda mais alto. Isto é, perguntar sobre um sistema de lavanderia implicava que a solução devia ser de natureza mecânica. No entanto, a NASA poderia ter encontrado soluções mais interessantes se tivesse perguntado como eliminar a necessidade de lavar roupas no espaço, o que talvez tivesse levado a um resultado completamente diferente. Então, nesse caso, pode-se dizer que o desafio original era muito específico.

O derramamento de petróleo do *Exxon Valdez*, discutido anteriormente, fornece outro exemplo de um desafio que, no início, era muito específico. Quando o problema do "congelamento" foi colocado como sendo um desafio do petróleo, apenas especialistas da área se debruçaram sobre o problema. Porém, quando o desafio foi colocado como sendo uma questão de "remoção de viscosidade", o problema não tinha mais a ver somente com petróleo (um fluido específico), passando a ser visto como uma dificuldade comum na dinâmica de fluidos. Assim, quando o desafio foi formulado dessa maneira, permitiu-se que as soluções viessem de diversas áreas de conhecimento, inclusive da de construção civil, onde a resposta acabou sendo encontrada.

Um passo importante na tentativa de encontrar soluções é definir o desafio de maneira clara. A forma como o desafio é formulado terá impacto na maneira como ele será resolvido.

Algumas pessoas podem sugerir que a decisão da Cachinhos Dourados de entrar em uma casa que pertencia a três ursos não foi muito boa. No entanto, foi sua busca pelo perfeito que lhe permitiu descansar tranquilamente. Se você adotar o mesmo rigor quando formular seus desafios, talvez também durma um pouco melhor à noite sabendo que uma solução possível está logo ali, ao seu alcance.

Desafios não podem ser grandes demais (amplos e abstratos, como pedir novas ideias) ou muito pequenos (específicos demais, como um problema extremamente técnico que só pode ser resolvido por uma única área de conhecimento). Eles precisam ser perfeitos – formulados de maneira a maximizar a possibilidade de encontrar uma solução que funcione.

Dica 8

Ninguém sabe tudo

Recentemente, uma conhecida empresa norte-americana de seguros de saúde enfrentou um desafio complicado: depois de lançar um produto incrivelmente bem-sucedido, ela se voltou à criação de ofertas novas e complementares. Porém, depois de muitas tentativas fracassadas, seus líderes se deram conta de que não havia especialistas na empresa capazes de resolver o problema. Sem saber o que fazer, os executivos da seguradora decidiram experimentar postar o desafio em um *site* de inovação aberta. Sua esperança era de que pudessem encontrar alguém fora da empresa capaz de encontrar uma solução prática.

Infelizmente, alguns funcionários consideraram essa ação um tapa na cara. Como não estavam familiarizados com os benefícios da inovação aberta, achavam que alguém de dentro da organização poderia solucionar todos os desafios. Para mostrar que estavam certos, diversos funcionários assumiram a tarefa de propor soluções para o desafio postado no tal *site*.

No final, as soluções propostas pelos funcionários não foram escolhidas. A resposta inovadora veio de alguém que não só estava fora da empresa como também era de fora da área. A conclusão bem-sucedida desse desafio solidificou a decisão dos executivos de lançar formalmente os esforços de inovação aberta da empresa. A conclusão a que chegaram foi que nem todo mundo pode resolver todos os problemas – e, por consequência, que nenhuma organização consegue resolver sozinha todos os seus problemas.

Will Rogers, grande comediante norte-americano já falecido, disse certa vez: "Não há nada mais burro que um homem que estudou tirado de perto daquilo que estudou".

Um dos desafios de motivar a inovação em organizações é que, muitas vezes, pessoas inteligentes estão mais interessadas em estar certas que em fazer o certo. Isto é, elas querem acreditar que são capazes de resolver todos os problemas do mundo. Essa crença generalizada pode frustrar seus esforços de inovação.

O objetivo da inovação aberta não é substituir as pessoas inteligentes que você já tem na sua organização, mas aumentar o brilhantismo delas. A maioria das empresas não tem tempo suficiente para resolver todos os desafios que surgem. Infelizmente, os membros do departamento de pesquisa e desenvolvimento com frequência trabalham em muitos tipos de desafios diferentes ao mesmo tempo, alguns dos quais seriam mais bem solucionados por outras pessoas, especialmente as de fora da empresa.

Esse é um modelo simples que uso para ajudar as organizações a determinar quais desafios deveriam ser resolvidos externamente e quais deveriam ser solucionados internamente.

De modo geral, os desafios podem ser classificados em três categorias:

Desafios simples: do lado esquerdo da curva estão os desafios nos quais há maior probabilidade que outra pessoa já os tenha resolvido. Apesar de poder resolvê-lo internamente, esse não é o melhor uso dos seus recursos, pois é possível que alguém já

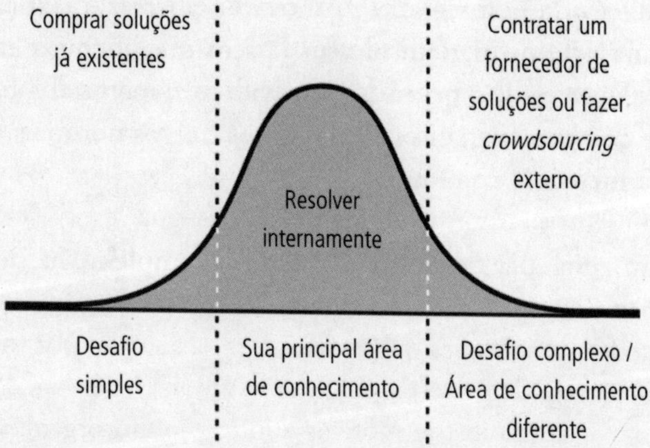

tenha uma solução que poderia ser comprada ou licenciada por menos dinheiro e em menos tempo. Assim, por que desperdiçar seus especialistas nesse tipo de desafio?

- *Comprar uma solução já existente*: para esse tipo de desafio, uma consultoria em tecnologia (por exemplo) é uma ótima maneira de procurar soluções ao pesquisar em bases de dados de patentes e em outros repositórios de tecnologia. Você pode, então, licenciar ou comprar a tecnologia para uso próprio. Com essa estratégia, estará comprando uma solução de um único fornecedor.

Desafios complexos ou não resolvidos: à direita da curva estão os desafios excepcionalmente complexos e que podem permanecer insolúveis por anos. Ou que talvez sejam questões vistas como estando fora da sua especialidade. Por exemplo, como uma viagem espacial pode durar anos, a NASA tem um problema com a degradação dos alimentos. Ao longo dos anos, ela experimentou diferentes materiais para embalagem sem sucesso. Mesmo profissionais do setor de embalagem de alimentos não conseguiam encontrar uma solução. Sem ter para onde ir, a NASA decidiu propor um desafio de inovação aberta. A solução encontrada veio de alguém na Rússia sem qualquer experiência na área: essa pessoa havia desenvolvido um material à base de grafite que parece manter os alimentos frescos por mais tempo que os materiais comuns.

Em geral, para esse tipo de desafio complexo, há duas estratégias principais para encontrar soluções: (1) contratar um fornecedor de soluções ou (2) encontrar a solução por meio do *crowdsourcing*.

- *Contratar um fornecedor de soluções*: com essa estratégia, uma terceira parte assume a responsabilidade de fornecer o resultado e pode resolver alguns desafios (e, potencialmente, implantar as soluções). Você pode escolher trabalhar com uma universidade ou postar uma "solicitação de proposta" em um *site* a fim de encontrar um fornecedor de soluções. De qualquer maneira, nessas situações, você não está comprando uma solução, mas selecionando um parceiro terceirizado. Essas alianças são mais bem utilizadas para desafios complexos que não podem ser divididos em desafios menores ou nos quais é necessário um profundo conhecimento do contexto.
- *Solução por meio do* crowdsourcing: postar um problema para o mundo e esperar algumas semanas ou meses até alguém propor uma solução possível é a melhor maneira de resolver outros tipos de desafios, pois a partir daí você pode comprar ou licenciar a solução encontrada. A diferença entre esta e a abordagem anterior é que aqui se compra a solução em si em vez de contratar um fornecedor de soluções. *Crowdsourcing* é ótimo para desafios tecnicamente complexos e que podem ser definidos no nível correto de detalhamento, como o desafio para os alimentos proposto pela NASA.

Desafios dentro da sua área de conhecimento: no meio da curva estão os desafios do tipo "sopa no mel", ou seja, os desafios que os especialistas da sua empresa estão mais bem equipados para resolver. Terceirizar tanto os desafios simples quanto os complexos ou não resolvidos permite à sua equipe focar no que faz melhor. Isso aumentará sua habilidade de resolver problemas, uma capacidade que irá diferenciá-lo da concorrência. Há diversos métodos para encontrar soluções internamente, mas estas são as duas abordagens mais comuns:

- *Indivíduo/equipe interna*: essa é a maneira mais comum de resolver desafios. Use pessoas de dentro da organização cujo trabalho seja solucionar esse tipo de desafio. Por exemplo, entre elas estariam os membros da equipe de desenvolvimento responsável por um produto específico. As soluções podem surgir em uma sessão de *brainstorming* ou do profundo conhecimento técnico do problema. Esse é o método preferido quando é necessário um conhecimento profundo do contexto, e seria difícil transferi-lo para qualquer outro lugar ou profissional. Obviamente, trata-se de uma boa forma de começar a solucionar muitos tipos de desafios.
- Crowdsourcing *interno*: às vezes, os funcionários da sua empresa que ainda não são responsáveis por um determinado problema encontram a melhor solução para o desafio. Pode ser um representante da prestação de serviço ao cliente que descobre uma solução nova em folha ou um pesquisador alocado em uma parte diferente da organização que resolve o desafio técnico. Em geral, essas soluções são encontradas quando o desafio é postado na intranet ou em uma plataforma interna criada especialmente para esse fim. Essa é uma boa maneira de agir quando a equipe responsável não consegue encontrar a resposta. (Para mais informações sobre ferramentas de *crowdsourcing*, veja o apêndice A.)

Como você pode ver, há mais de uma maneira de resolver um desafio. Alguns são solucionados em um momento de genialidade, mas a maioria exige um processo de elaboração mais formal. O segredo para inovar de maneira eficiente é determinar qual mecanismo produziria da melhor maneira uma solução viável para um desafio específico.

As abordagens listadas anteriormente representam apenas algumas das estratégias possíveis. Se uma técnica (por exemplo, a equipe interna) não produzir uma solução que funcione, experimente uma abordagem diferente (por exemplo, *crowdsourcing* externo). As pessoas querem, na maioria das vezes, ser valorizadas por seu brilhantismo. Elas dedicaram a vida à busca do conhecimento. Mas nem todo mundo pode saber tudo. Descubra o que você (e sua organização) faz melhor e encontre parceiros para ajudá-lo com o restante.

Ou, para citar Will Rogers de novo: "Todo mundo é ignorante. Mas apenas sobre assuntos diferentes".

> "Não há nada mais burro que um homem que estudou tirado de perto daquilo que estudou".
> – Will Rogers

Dica 9

O que Thomas Edison não entendeu sobre inovação?

Enquanto tentava encontrar um filamento adequado para tornar sua lâmpada elétrica incandescente um equipamento viável, Thomas Edison disse: "Eu não fracassei 700 vezes. Não fracassei nenhuma vez. Provei com sucesso que essas 700 maneiras não funcionam. Quando tiver eliminado as maneiras que não funcionam, encontrarei a que funciona".

Dependendo da fonte, ele experimentou 700, mil ou 10 mil filamentos diferentes em sua tentativa de melhorar a lâmpada.

Não importa qual seja o número certo, inovadores em todo o mundo continuam a adotar essa citação porque ela parece validar o processo de desenvolvimento iterativo utilizado por tantas pessoas. Há uma crença generalizada de que você deve continuar experimentando e fracassando até encontrar a solução que funciona, porque aprende tanto com o fracasso quanto com o sucesso.

Mesmo assim, cada uma das 700 tentativas de Thomas Edison lhe custou tempo e dinheiro.

Se ele tivesse encontrado uma solução para o desafio da lâmpada na primeira tentativa, teria continuado a experimentar as outras 700 maneiras que não funcionaram? Encontrar maneiras que não funcionavam realmente acrescentou muito valor? Sua organização pode bancar 700 experiências malsucedidas?

Pense assim…

DESENVOLVIMENTO ITERATIVO

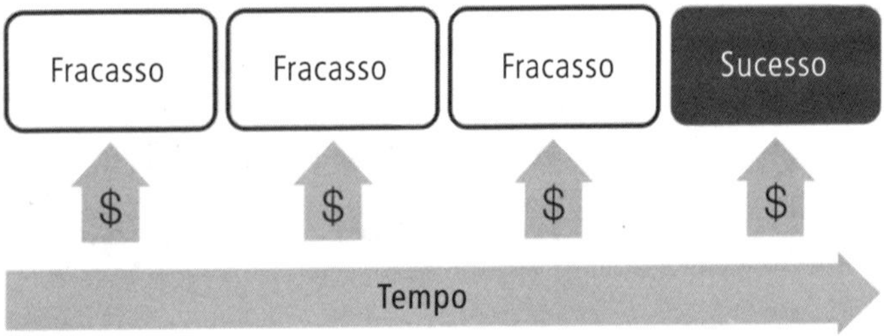

Observe o gráfico. De acordo com o modelo tradicional, você falha várias vezes até finalmente ser bem-sucedido. Como seus funcionários estão trabalhando e investindo tempo em cada tentativa, isso acarreta custos à folha de pagamento e às despesas gerais da empresa. E como o processo falho acontece em sequência, toda essa situação leva muito tempo. Claro, se você obtiver sucesso na primeira tentativa, tudo bem. Mas isso raramente acontece no mundo real.

Infelizmente, a realidade é que o fracasso muitas vezes é uma parte necessária da inovação. Não conseguimos ter a solução para um problema logo antes de testá-lo por meio de experiências (veja a dica 24). Mas há um jeito melhor de encontrar soluções que minimizem seus riscos, custos e tempo, em especial no que diz respeito aos desafios técnicos?

O gráfico baseia-se em um modelo de inovação aberta motivada pelo desafio. Alph Bingham, fundador da InnoCentive, descreve a inovação aberta motivada pelo desafio como "um processo paralelo em massa no qual os fracassos e os sucessos acontecem ao mesmo tempo". Com essa abordagem, você tem o mesmo número de fracassos, mas há duas diferenças. Primeira: os fracassos acontecem em paralelo em vez de em série, acelerando de maneira significativa o tempo até a solução ser encontrada. Segunda: os custos do fracasso são repassados para o mercado e você paga apenas pelo valor recebido em vez de pagar pelo tempo investido. Ou seja, paga-se apenas pela solução bem-sucedida.

PROCESSO PARALELO EM MASSA

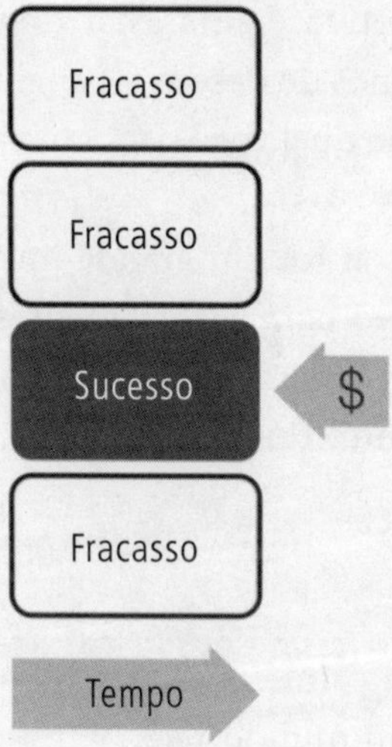

Digamos que você poste um desafio em um *site* e consiga que dezenas (ou centenas) de pessoas trabalhem para encontrar soluções. Algumas não vão funcionar, mas tudo o que você precisa é de uma que funcione, e com essa forma de inovação aberta, você paga apenas pelos resultados bem-sucedidos. Os fracassos não lhe custam nada no que diz respeito a tempo e dinheiro. Com o desenvolvimento iterativo interno, porém, você paga pelos sucessos e pelos fracassos.

Realmente se aprende o suficiente com os fracassos para justificar o custo e o tempo extras envolvidos? Provavelmente não.

O que você deveria fazer para tirar vantagem desse processo paralelo em massa?

Para desafios complexos do ponto de vista técnico (em oposição aos desafios com incertezas de mercado, que normalmente são mais bem resolvidos por meio da experimentação), encontre maneiras de evitar a experimentação interna e identifique com quem compartilhar o risco. Procure desenvolvedores que estejam dispostos a receber por resultado, não por tempo investido. O objetivo é se afastar dos custos fixos associados aos esforços internos de desenvolvimento e se aproximar de um modelo variável no qual você paga apenas pelo valor das soluções de que precisa.

Thomas Edison foi um grande inventor. E suspeito que, se ainda estivesse vivo, com as ferramentas disponíveis hoje, talvez tentasse uma abordagem completamente diferente para desenvolver um filamento durável.

> A inovação aberta motivada pelo desafio é um "processo paralelo em massa no qual os fracassos e os sucessos acontecem ao mesmo tempo".
> – Alph Bingham

Dica 10

O que a Cisco, a LG e a GE têm em comum com o *American Idol*?

Depois de todos esses anos, o *American Idol* continua a ser um dos programas de TV mais populares em todo o mundo. Por quê? Em parte por ser divertido, e em parte porque o programa é capaz de revelar talentos até então desconhecidos.

É por essa última razão que as organizações estão empregando a abordagem desse programa de TV na inovação. O objetivo é revelar algumas ideias ou soluções realmente incríveis que, até o momento, estavam escondidas.

Torneios de inovação

No mundo da inovação, muitas vezes esses eventos são chamados de "torneios de inovação", expressão cunhada por Christian Terwiesch e Karl Ulrisch, da Wharton School, em seu livro *Innovation Tournaments* (Torneios de Inovação).

Os campeonatos de basquete da NCAA norte-americana são um torneio. O *World Series of Poker* é um torneio. Os programas de TV *No Limite, The Amazing Race* e *Big Brother* também são torneios. O que faz de cada um deles um torneio? Simples, sempre há um vencedor, mas não necessariamente é o vencedor quem ganha tudo.

A Cisco, a LG e a GE usaram o modelo "encontre um vencedor" como maneira de desenvolver ideias.

O I-Prize foi um torneio que a Cisco promoveu em 2010. Quando foi anunciado, a empresa afirmou que iria "selecionar até 32 equipes semifinalistas que trabalhariam com cinco especialistas da Cisco para elaborar um plano de negócios e uma apresentação... Até oito equipes finalistas iriam apresentar suas ideias de negócio para um júri e competiriam pelo grande prêmio: 250 mil dólares divididos igualmente pelos membros da equipe vencedora". No final, houve um total de 2.900 participantes, que submeteram 824 ideias. As ideias foram, como havia sido planejado, reduzidas a 32 ideias semifinalistas, e nove equipes chegaram à fase final do torneio. A equipe vencedora realmente recebeu o prêmio em dinheiro anunciado.

A LG promoveu concursos parecidos em 2009 e em 2010. A empresa procurava pessoas para "desenhar uma versão do próximo celular revolucionário da marca". Um total de mais de 80 mil dólares foi distribuído em prêmios, sendo que o vencedor recebeu 20 mil. O torneio recebeu 835 ideias de 324 indivíduos. A empresa me contou que cerca de 75% eram propostas que já haviam sido pensadas no passado; apenas 25% tinham elementos inovadores. O processo foi parecido com a abordagem do I-Prize, da Cisco: jurados analisaram mais de 800 conceitos e os reduziram aos cem melhores, para que duas rodadas de juízes os analisassem. Uma terceira rodada de juízes analisou apenas os 43 melhores conceitos.

A GE está usando uma abordagem parecida para os seus desafios "ecoimagination".

O elo comum entre todos esses torneios é que sempre haverá um vencedor. Assim como no *American Idol* e em outros torneios, depois que as tranqueiras passam, cada organização tem semifinalistas, finalistas e o vencedor. Mas só porque alguém "ganha" não quer dizer que seu talento ou ideia seja bom ou útil.

Caça por recompensas

Quando um torneio de inovação não é um torneio? E quando essa não é a abordagem correta? Quando estiver interessado não apenas em encontrar a melhor proposta, mas a solução correta.

É isso. Você não quer coroar um vencedor apenas para nomear um campeão. Em vez disso, o objetivo é encontrar soluções possíveis para um problema empresarial real e específico.

Pense nos desafios como sendo baseados nas contingências e valorizados pelo preço. Mas convenhamos: isso não soa tão *interessante* quanto "torneio de inovação".

Funciona assim: uma empresa tem um problema para resolver. Decide o "valor" de encontrar uma solução possível e oferece uma "recompensa" a qualquer um capaz de fornecê-la. A recompensa só é paga quando a empresa recebe o que precisa. Esse modelo de "pagamento por solução" terceiriza os riscos associados à resolução de problemas complexos.

As duas abordagens mais conhecidas de recompensas para a inovação são o Netflix Prize e o Ansari X Prize.

No caso do Netflix Prize (descrito na dica 5), a empresa só pagou a equipe que no fim das contas melhorou a ferramenta de recomendações em 10%. A Netflix não estava procurando a melhor solução, mas uma que satisfizesse suas necessidades específicas. A abordagem baseada na recompensa foi útil porque a empresa só pagou o prêmio de 1 milhão de dólares quando recebeu uma solução bem-sucedida.

O Ansari X Prize era uma competição espacial na qual 26 equipes competiam por um prêmio de 10 milhões de dólares, que seria dado à primeira organização não governamental que "desenvolvesse e lançasse uma nave espacial capaz de levar, duas vezes em duas semanas, três pessoas 100 km acima da superfície da Terra". Assim como o Netflix Prize, a recompensa só foi paga quando os critérios específicos do X Prize foram atendidos. Curiosamente, apesar de o avião espacial do projeto Tier One, o *SpaceShipOne*, ter recebido os 10 milhões de dólares, foi noticiado que mais de 100 milhões de dólares foram investidos na busca pelo prêmio.

Torneios *versus* recompensas

A principal diferença é a maneira como esses desafios são articulados. Com a abordagem baseada na recompensa, os critérios de sucesso estão claramente definidos: você melhorou a ferramenta de recomendação em 10%? Encontrou um composto químico com propriedades específicas? Desenvolveu um modelo matemático que otimiza um problema específico? O "ganhador" da recompensa é determinado por um critério também específico. Se esse critério não for atendido, a recompensa não é paga.

No caso da abordagem baseada em torneios, o critério de sucesso muitas vezes não está bem definido. O ganhador é o dono da "melhor" proposta. Apesar de esse tipo de competição poder promover soluções excelentes, é evidente que muitas vezes os resultados não são ótimos.

Os torneios são muito bons para obter um conjunto amplo de ideias em um espaço definido e extremamente úteis para gerar muito barulho, como, por exemplo, o Pepsi Refresh Project.

Recompensas, porém, são ótimas para quando estiver procurando uma solução prática. Use-as quando quiser, mas tenha em mente que é preciso achar a melhor solução entre todas, não apenas a melhor entre algumas. No entanto, as duas abordagens podem fornecer valor para qualquer organização quando usadas do jeito certo.

> Na abordagem baseada em recompensas, os critérios de sucesso são bem definidos. Na baseada em torneios, ganha a melhor proposta.

Dica 11

Competir ou não competir: eis a questão

Softwares open-source são uma comunidade colaborativa bastante conhecida. Muitos desenvolvedores de *softwares* participam apenas para fazer parte da comunidade, contribuir para o bem de todos e criar a partir das soluções encontradas pelos outros. Porém, desenvolvedores que trabalham criando aplicativos para iPhone operam em um mercado competitivo. Sua contribuição é em grande parte, mas não completamente, motivada pelo retorno financeiro, e são profissionais que tendem a trabalhar sozinhos.

Os torneios de inovação e suas recompensas (veja a dica anterior) podem ocorrer de maneira competitiva ou colaborativa. A Cisco e a LG promovem torneios competitivos, nos quais ninguém pode ver as propostas dos rivais. A GE, por sua vez, promove os já citados desafios "ecoimagination" de maneira colaborativa, permitindo a qualquer um comentar ou votar em qualquer proposta. O Netflix Prize e o Ansari X Prize (duas recompensas de inovação) eram promovidos como competições e ainda assim permitiam colaboração entre as propostas.

Esse panorama levanta uma questão importante: Qual abordagem fornece as melhores soluções: a competição ou a colaboração?

Kevin Boudreau e Karim Lakhani escreveram um artigo sobre esse assunto na *MIT Sloane Management Review*, no qual examinavam os méritos de cada uma das formas de inovação aberta. Eles descobriram que a colaboração é útil quando os problemas exigem "conhecimento cumulativo" e envolvem a "elaboração de ideias a partir de avanços anteriores". No entanto, a competição é mais eficiente quando "um problema de inovação é resolvido por meio da ampla experimentação".

Esses autores também descobriram que "comunidades colaborativas muitas vezes estão orientadas pelas motivações intrínsecas aos inovadores externos, enquanto os mercados (competitivos) tendem a recompensar a motivação extrínseca".

Nos seus esforços corporativos de inovação, você deveria usar a competição ou a colaboração?

A resposta: você deveria usar ambas. Na verdade, talvez deva usar as duas abordagens para um único desafio. No entanto, é importante que o faça na sequência correta.

Primeiro, vamos falar de algumas questões psicológicas relacionadas ao pensamento criativo em seres humanos.

Pense em uma típica sessão de *brainstorming*. Apesar de ser uma maneira comum de as organizações inovarem, será que é uma abordagem eficiente? Curiosamente, pesquisas sugerem que, na verdade, indivíduos trabalhando sozinhos produzem ideias com mais qualidade e em maior quantidade do que quando trabalham em colaboração com outras pessoas. Existem várias razões para isso:

- *Processamento em série*: se há dez indivíduos em um grupo, apenas um pode falar por vez. Isso limita o "tamanho da banda" de ideias que podem ser processadas. Dez pessoas trabalhando individualmente poderiam, em teoria, gerar dez vezes mais ideias na mesma quantidade de tempo. No entanto, usar ferramentas colaborativas pode eliminar esse problema, porque as pessoas podem trabalhar em uníssono, o que permite a todos "falar" ao mesmo tempo. Os eventos Jam da IMB são uma maneira popular de fazer com que grupos compostos por várias pessoas criem ao mesmo tempo.

- *Preguiça social*: quando grupos trabalham juntos, há uma tendência de os indivíduos se esforçarem menos. Eles pressupõem que outra pessoa irá cobrir o buraco. Apesar de isso ser verdade quando se trata de sessões de *brainstorming*, ao usar outras ferramentas de inovação (como a inovação aberta), esse fator tende a ter um impacto menor.
- *Pensamento em grupo*: finalmente, foi demonstrado que se as pessoas começam o processo trabalhando juntas, terminam pensando juntas. Isto é, assim que a primeira ideia é apresentada, ela tende a influenciar o pensamento dos outros participantes, o que cria uma convergência de soluções muito cedo no processo e limita o conjunto de ideias que normalmente são geradas.

Por causa da última razão mencionada, é bom começar o processo – seja o *brainstorming* ao vivo ou o *crowdsourcing* virtual – para a resolução do problema com uma abordagem competitiva. Na hora de conduzir sessões de *brainstorming*, funciona melhor fazer com que cada pessoa escreva suas ideias criativas. Só depois de todos criarem a própria lista é que o grupo se reúne. Ao usar uma abordagem de *crowdsourcing*, muitas vezes é útil começar com uma competição para conseguir uma ampla gama de soluções, e só depois de selecionar as melhores, permitir que uma comunidade colaborativa as incremente.

Muitos anos atrás, eu queria um logotipo novo para o meu *site* e decidi usar o *crowdsourcing* para obter um desenho por meio do *site* 99designs.com. Depois de postar um *briefing* descrevendo o que queria, eu tinha de escolher qual abordagem usar: a colaborativa ou a competitiva. Com o modelo colaborativo, cada *designer* poderia ver tanto as propostas dos outros participantes quanto os meus comentários sobre elas. Com a abordagem competitiva, eu poderia usar propostas cegas, nas quais os *designers* não teriam como ver o trabalho uns dos outros. Escolhi a abordagem colaborativa. No começo, as propostas pingaram devagar; muitos *designers* preferiram esperar até que parecesse haver uma convergência em torno de uma mesma ideia. A variedade de propostas era relativamente baixa.

Usei, então, uma abordagem diferente quando chegou a hora de criar os cartões para o meu terceiro livro: *Personality Poker*. Primeiro usei o modelo competitivo (isto é, propostas cegas), através do qual recebi propostas muito mais variadas logo de cara, mas as pessoas não tinham a chance de criar em cima das ideias dos outros. Por isso, depois de promover a competição, propus um desafio colaborativo, processo que promoveu uma grande variedade de propostas iniciais seguidas por um alto nível de refinamento colaborativo. O resultado final foi melhor do que algo que apenas um único *designer* poderia ter desenvolvido.

O modelo mais bem-sucedido, a partir dessa experiência, foi a competição seguida pela colaboração.

É claro que existem outros fatores que irão influenciar a escolha entre uma abordagem competitiva ou colaborativa. Por exemplo, se questões de propriedade intelectual são importantes, as competições cegas funcionam melhor por oferecerem mais proteção para os *designers*. Obviamente, mesmo nessa situação, pode haver grupos trabalhando juntos para propor uma solução competitiva. Ao propor prêmios (em dinheiro ou de outra natureza), é mais fácil administrar os participantes, pois as propostas estão delineadas de maneira mais clara. Mas mesmo no caso de soluções colaborativas, há maneiras criativas de repartir os ganhos. Não é preciso que apenas um ganhador leve tudo.

Para questões sociais relacionadas ao bem público, a colaboração muitas vezes funciona bem porque você pode medir o pulso de diversas pessoas. Só não caia na armadilha de acreditar que a opinião pública vai levá-lo à solução correta (veja a próxima dica).

Cada situação é diferente e cabe a você descobrir qual abordagem vai funcionar melhor para o seu desafio específico.

> Tanto a colaboração como a competição têm um papel importante no processo de inovação. Como Alexander Graham Bell afirmou: "As grandes descobertas e melhorias invariavelmente envolvem a cooperação de muitas mentes. Posso receber os méritos por ter aberto o caminho, mas quando olho os desenvolvimentos subsequentes, sinto que o crédito devia ser dado aos outros, não a mim".

Dica 12

As multidões são melhores para eliminar os inúteis do que para escolher vencedores

Imagine que você é o ex-governador da Califórnia, Arnold Schwarzenegger. Seu estado está lutando com uma miríade de questões que vão desde um déficit perpétuo e crescente até um sistema de educação decadente e uma infraestrutura que não consegue atender à população em crescimento constante.

O que você faz?

Como qualquer outro bom inovador, você se volta para o *crowdsourcing,* assim como fez o governador Schwarzenegger. Ele criou um *site* baseado no Twitter chamado MyIdea4CA.com, pensado para permitir que qualquer pessoa postasse suas sugestões e comentários e votasse nos melhores. Milhares de pessoas participaram. Qual ideia (em um determinado momento) recebeu maior apoio?

Ela tinha a ver com redução de gastos por parte do governo? Ajudava a melhorar o trânsito e outras questões de infraestrutura? Tinha a ver com questões educacionais? Não. A ideia vencedora era...

Legalizar e taxar a maconha.

Apesar de a comunidade local achar que essa era a melhor maneira de resolver muitos dos problemas do estado, ela não resolvia as questões com as quais o governador queria lidar.

Em agosto de 2009, uma história publicada no jornal *The New York Times* detalhou tentativa similar, proposta pelo presidente Barack Obama, para extrair ideias do público norte-americano: "No mês passado, a Casa Branca fez sua grande estreia do governo feito pelo povo, quando criou um fórum *on-line* para pedir a pessoas comuns que dessem suas ideias sobre como levar adiante a promessa feita pelo presidente de um governo aberto. O fórum recebeu uma chuva de sugestões sobre legalização da maconha, revelar segredos relacionados a discos voadores e mostrar a certidão de nascimento do sr. Obama, a fim de provar que ele realmente tinha nascido nos Estados Unidos e, portanto, podia ser presidente".

Pedir a opinião das pessoas e permitir que elas votem nem sempre é a melhor maneira de promover seus esforços de inovação.

O que podemos aprender com esses exemplos?

Antes de tudo, como foi dito na dica anterior, é importante definir claramente o desafio. As duas plataformas foram construídas em torno de perguntas amplas e ambíguas. Além disso, por ser baseado no Twitter, o *site* MyIdea4CA.com só permitia propostas de até 140 caracteres. É difícil entrar em uma discussão com substância em um espaço tão limitado, o que dirá propor soluções profundas e bem pensadas.

Mas há outra lição importante aqui.

O *crowdsourcing* não tem como objetivo ser uma ferramenta democrática criada para reunir os caprichos e os desejos dos indivíduos. Ele serve para ser fonte de soluções, não de opiniões.

Algumas pessoas podem se referir ao que estamos vendo nesses *sites* como *mobsourcing*. Isso acontece quando alguns poucos indivíduos lideram o grupo e oferecem a maior parte das sugestões, enquanto o resto da comunidade segue o mesmo caminho sem acrescentar nada de significativo à discussão.

Isso explica por que votar normalmente não é a maneira mais eficiente de selecionar ideias, sugestões ou soluções. Já tentou usar um mecanismo democrático de voto para reduzir uma longa lista de sugestões? Em caso positivo, quanto isso foi eficiente? Desconfio que não tenha funcionado tão bem quanto você esperava. E existem quatro motivos principais para isso:

- A maioria dos sistemas de votação tende para a solução que foi submetida primeiro. As primeiras sugestões, justamente por terem sido as primeiras, com frequência recebem mais votos. Por isso elas logo se tornam populares, e continuam a ganhar popularidade. Pense nisso tomando o Youtube como exemplo. Um vídeo fantástico que foi assistido cem vezes até hoje talvez não seja visto com muita frequência. Mas o vídeo de um rato andando de bicicleta que já foi assistido por quatro milhões de pessoas, provavelmente terá sido visto por mais dois milhões de pessoas até a semana que vem. Existem sistemas de eleição "randômica" mais sofisticados, que evitam esse problema, garantindo que cada candidato seja visto pelo mesmo número de eleitores. Mas essas abordagens não são usadas de maneira ampla e só são eficientes quando há um número grande de eleitores dispostos a olhar um número também grande de sugestões.
- A menos que as sugestões sejam anônimas – e elas raramente o são –, as pessoas naturalmente vão votar nas que foram sugeridas pelos amigos. Em muitas organizações, as pessoas fazem *lobby* para que suas soluções recebam votos. A eleição se torna, então, um concurso de popularidade, no qual os indivíduos votam na pessoa, não na solução. O que não é algo necessariamente ruim. Se alguém perdeu tempo reunindo pessoas para apoiar sua ideia, esse é um bom

indicador do entusiasmo do autor da sugestão, o que, por sua vez, é um sinal de que a ideia pode ter uma possibilidade maior de sucesso.

- As pessoas votam em soluções e ideias que servem a elas mesmas. Esse problema é exacerbado quando se usa uma abordagem de caixa de sugestões em vez de uma abordagem motivada pelo desafio. As pessoas naturalmente irão votar nas ideias que fazem a vida *delas* melhor. Trata-se do interesse próprio da natureza humana se sobrepondo às necessidades da organização.
- A maioria dos funcionários não vê o quadro geral. Novamente, esse é um problema mais comum nas plataformas de ideias do que nas plataformas de desafios. Às vezes, quando estão ocupados com seus afazeres, os funcionários não conseguem ver o que é de fato necessário e procuram apenas soluções para o que está dentro do seu campo de visão. Infelizmente, esses pontos de vista não estão necessariamente ligados às necessidades dos consumidores ou à estratégia geral da empresa.

Na maioria das vezes, achamos que as multidões são melhores para eliminar o que não presta do que para escolher os vencedores. Assim, um método potencialmente eficiente de usá-las é fazê-lo para matar as ideias ruins, de modo que os especialistas possam analisar as poucas soluções plausíveis que restarem. Se você conseguir eliminar 90% do que não presta com esse método, pode acelerar radicalmente o tempo de análise. Há alguns métodos mais sofisticados (como avaliar o desvio padrão da classificação feita pela comunidade a fim de evitar os falsos negativos), porém, mais complicados, e que só acrescentam valor incremental.

Apesar de ouvirmos falar com frequência sobre a "sabedoria das multidões", na verdade, os preconceitos pessoais tendem a interferir no processo. Quando o *crowdsourcing* foca em como algo deve ser feito (soluções) em vez de no que deve ser feito (eleição), somos capazes de utilizar a inteligência das massas de maneira mais eficiente.

> O *crowdsourcing* não tem como objetivo ser uma ferramenta democrática criada para reunir os caprichos e os desejos dos indivíduos. Ele serve para ser fonte de soluções, não de opiniões.

ESTRATÉGIAS

Estratégias de inovação e clientes

Os clientes devem estar no centro de nossa estratégia de inovação. Mas você realmente compreende seus desejos e necessidades? A maioria das organizações não os entende. Vá além dos *focus groups*, das pesquisas e da mineração de dados. Compreenda as dores que eles não expressam ou que estão no subconsciente deles. Uma vez feito isso, poderá desenvolver uma estratégia de inovação que permite à sua organização se diferenciar e dominar a competição.

Dica 13

Lições do Indiana Jones

No filme *Indiana Jones e a última cruzada*, de 1989, o professor de arqueologia Indiana Jones aconselha seus alunos a "esquecer qualquer ideia que tenham sobre cidades perdidas, viagens exóticas e escavar o mundo. Não seguimos mapas para encontrar tesouros enterrados e nunca há um X marcando o lugar".

Apesar de o dr. Jones ser um acadêmico, na verdade ele é mais um aventureiro. Viaja pelo mundo descobrindo civilizações perdidas e tesouros escondidos.

No mundo atual da mineração de dados e da análise do comportamento dos clientes, pode ser fácil estudá-los a partir do conforto da sua mesa. E essa abordagem de certa forma acadêmica certamente vai lhe dar *insights* sobre os hábitos de compra, os comportamentos de uso e outros padrões de consumo. Mas é mais provável que você esteja apenas coletando dados sobre os *seus* clientes. Como consequência, está deixando de lado clientes antigos e pessoas que nunca estiveram entre os seus consumidores. Em relação aos seus clientes atuais, você só será capaz de analisar suas atividades associadas aos seus produtos e serviços existentes; não será capaz de identificar possíveis necessidades não expressas.

O verdadeiro tesouro pode ser encontrado quando você sai do escritório, coloca seu chapéu de feltro, pega seu chicote e estuda os clientes com os seus próprios olhos.

Antropólogos e especialistas em inovação chamam isso de etnografia, termo usado para descrever qualquer pesquisa cujo objetivo seja fornecer uma descrição aprofundada da vida e das práticas diárias.

Em vez de fazer perguntas aos seus clientes e de analisar dados, observe-os, pois assim poderá descobrir seus desejos e necessidades não expressos. Lembre-se de ouvir, além dos clientes atuais, os que foram perdidos e os clientes em potencial. Informações vindas de clientes que desertaram podem sinalizar mudanças no gosto dos consumidores e no ambiente competitivo, ou um escorregão em algum aspecto do valor proposto pela sua organização (como problemas de qualidade), enquanto clientes potenciais podem sugerir novas fontes de valor.

Um dos meus clientes resolveu experimentar essa abordagem. Ele publica livros didáticos para estudantes e manuais para professores. Só quando a editora começou a observar os professores em sala de aula é que passou a desenvolver algumas melhorias interessantes em seus produtos. Por exemplo, durante um estudo etnográfico, descobriu que os professores carregavam vários livros muito pesados de classe em classe. Isso fez com que a editora criasse uma versão segmentada dos manuais, o que, por sua vez, permitiu aos professores carregar apenas a parte do livro de que precisavam naquela semana, em vez de um semestre inteiro em papel. Vale notar que os professores nunca fizeram essa sugestão durante pesquisas ou *focus groups*.

Esses estudos também levaram a interessantes melhorias no processo. Um fabricante de máquinas copiadoras queria acelerar o tempo que o técnico levava para fazer reparos. Ao observar os clientes usando o equipamento, a empresa descobriu que a maioria dos problemas era relativamente simples, mas os clientes não faziam ideia de como resolvê-los sozinhos. A solução? Forneceram instruções detalhadas de como resolver a maioria dos problemas de papel preso para que os clientes, e não os técnicos, os resolvessem de imediato e sozinhos.

A Whirlpool desenvolveu pedestais e unidades de armazenagem para suas lavadoras e secadoras com portas dianteiras observando uma mulher que havia colocado sua secadora sobre blocos de pedra para tornar mais fácil o trabalho de carregá-la e descarregá-la sem precisar se abaixar. Apesar de o benefício principal dos pedestais seja erguer os aparelhos cerca de 30 cm do chão para facilitar a tarefa de colocar e tirar a roupa de dentro da máquina, o peso adicional também ajudou a ancorá-la, minimizando a trepidação da lavadora durante a centrifugação. Além disso, as gavetas presentes nos pedestais oferecem espaço livre para guardar sabão em pó, alvejante e amaciante.

Saia da frente do seu computador e observe o mundo – e seus clientes – com olhos renovados. Ao fazer isso, certamente vai descobrir oportunidades que não esperava. E durante esse processo pode até encontrar ouro.

O verdadeiro tesouro é descoberto quando você sai do escritório, coloca seu chapéu de feltro, pega seu chicote e estuda os clientes com os seus próprios olhos.

Dica 14

Sua pesquisa de mercado é uma porcaria

Imagine que você é um fabricante de aparelhos auditivos e quer desenvolver a próxima geração do produto. Conduz pesquisas e *focus groups* e descobre que 80% da população com problemas de audição, apesar das recomendações médicas, se recusam a usar aparelhos, principalmente por questões de custo. O que você faz?

A resposta mais óbvia é encontrar maneiras de produzir um aparelho com custo mais baixo, certo?

A Oticon, grande fabricante mundial de aparelhos auditivos, queria informações mais profundas, pois percebeu que suas pesquisas de mercado só reuniam informações em nível consciente: o que os consumidores disseram a ela em *focus groups* e em pesquisas. Assim, passou a aplicar uma série de técnicas para acessar o subconsciente dos clientes em potencial e acabou descobrindo o real motivo pelo qual as pessoas não queriam usar um aparelho auditivo: ele fazia com que os consumidores se sentissem fracassados, estigmatizados e velhos, especialmente os que estavam nos primeiros estágios da perda auditiva, entre 40 e 50 anos de idade.

Apesar de a resposta certa a esse sentimento dos consumidores parecesse ser fazer aparelhos menores ou quase invisíveis, outras pesquisas descobriram que isso reforçaria seus sentimentos negativos, como se fosse uma confirmação de que usar um aparelho auditivo era algo de que deveriam se envergonhar.

Baseada nessas novas informações, a Oticon escolheu um caminho bem diferente: fez aparelhos auditivos maiores e mais bonitos, que mais pareciam brincos e que eram oferecidos em cores e padrões brilhantes, usando desde as cores de universidades norte-americanas até estampas de zebra. Durante um estudo experimental com pessoas que usaram esses aparelhos por algumas semanas, alguns usuários disseram que seus amigos confundiram o aparelho auditivo com fones *bluetooth*. No final, o produto foi um sucesso entre os clientes e ainda ganhou diversos prêmios de *design*.

O que a Oticon aprendeu foi: o que os consumidores dizem em pesquisas e *focus groups* muitas vezes contradiz o que eles realmente pensam e sentem, e como acabam agindo. O segredo é acessar o subconsciente dos seus clientes, porque é ele que realmente guia o comportamento das pessoas.

Seus clientes não sabem o que não sabem

Inovadores procurando informações sobre os consumidores devem partir do princípio de que eles nem sempre conseguem (e talvez não queiram) se explicar e esclarecer seus comportamento, atitude e processo de tomada de decisão. Uma pessoa comum tem consciência de apenas 5% dos seus pensamentos e sentimentos sobre qualquer assunto. Quando questionados, os consumidores irão, claro, fornecer respostas, mas elas podem ser no máximo incompletas e no mínimo enganadoras. Quantas vezes você já ouviu um consumidor respondendo a uma questão direta "Eu compraria esse produto, sem dúvida", só para ver o produto fracassar (pense na New Coke, a reformulação da Coca-Cola feita em 1985 e que foi um grande fracasso apesar do retorno positivo dos *focus groups*)? Inovadores precisam encontrar uma maneira de driblar a mente racional, explícita e consciente e acessar o subconsciente dos consumidores.

Uma maneira de fazer isso é por meio do uso de metáforas e histórias. Os seres humanos pensam e falam por meio delas. Segundo Kendall Haven, autor de *Story Proof*, nas falas diárias da língua inglesa são usadas de cinco a seis metáforas por minuto. Tente expressar suas ideias, emoções e atitudes sem usá-las. É quase impossível e certamente cria uma conversa muito sem graça. Perceba que mesmo a palavra "graça" é uma metáfora neste contexto. As metáforas são baseadas em experiências humanas e nos ajudam a compreender o mundo.

Quando a Oticon quis ultrapassar as limitações dos *focus groups* e de outras técnicas tradicionais de pesquisa de mercado, decidiu usar uma abordagem motivada pela metáfora chamada ZMET (Zaltman Metaphor Elicitation Tecnique, ou Técnica Zaltman de Indução por Metáforas). Tal abordagem envolve a realização de entrevistas profundas e individuais, e ajuda os consumidores a expressar sua visão de como um produto poderia se encaixar em suas vidas, preencher uma necessidade ou resolver um problema. Lindsay Zaltman, diretora executiva da Olson Zaltman, consultoria que conduziu a pesquisa para a Oticon, descobriu que usar um aparelho auditivo era como ter um "anúncio luminoso na testa dizendo: 'Eu sou um fracasso, eu sou velho'". Uau, uma metáfora bastante poderosa.

A Designworks USA, uma divisão da BMW, usa uma abordagem diferente para captar as necessidades subconscientes de seus consumidores. Como cria carros e outros itens – celulares, computadores e tratores –, em vez de começar com as funções e as características básicas dos produtos, a empresa fez com que os consumidores contassem histórias sobre emoção. Seus *designers* primeiro se reuniram com os executivos e funcionários da empresa, além de clientes, para captar a emoção que estes iriam *sentir* quando usassem o produto. Isso é feito usando-se esboços artísticos em vez de palavras. Só depois de todos concordarem sobre essas emoções é que começa o processo de criação da forma e do estilo do produto.

De acordo com um estudo feito pela Accenture com executivos em 639 empresas, a primeira razão para o fracasso da inovação é que produtos e serviços "falharam ao tentar atender às necessidades dos consumidores". Os inovadores tendem a desenvolver soluções em torno de necessidades expressas de maneira explícita pelos consumidores, muitas vezes baseadas em dados numéricos. Mas ao fazer isso, as necessidades do consumidor real são perdidas. Como inovadores, precisamos acessar os recantos mais escuros da mente dos consumidores para captar o que eles realmente querem.

> Uma pessoa comum tem consciência de apenas 5% dos seus pensamentos e sentimentos sobre qualquer assunto. Quando questionados, os consumidores irão, claro, fornecer respostas, mas elas podem ser no máximo incompletas e no mínimo, enganadoras.

Dica 15

Seja o remédio para o desconforto do seu cliente

Muita gente se preocupa em perder peso. O que os inovadores podem ganhar ao estudar essa verdadeira obsessão mundial?

Quando observamos revistas de saúde masculina, há duas chamadas que vemos com frequencia: "Perca barriga rápido" e "Ganhe um abdome definido". Mas qual das duas deve vender mais revistas?

A maioria das pessoas pensa de maneira intuitiva que a segunda chamada, "Ganhe um abdome definido", seria sem dúvida a vencedora. Mas quando um *site* fez uma comparação, descobriu-se que "Perca barriga rápido" tinha sido lida mais vezes.

Por quê?

Encontre as pessoas onde elas estão

Esse fenômeno é bem explicado pelo economista austríaco Ludwig von Mises, que uma vez disse que é preciso três requisitos para um indivíduo mudar:

- Ele precisa estar insatisfeito com a atual situação das coisas.
- Ele precisa vislumbrar uma situação melhor.
- Ele precisa acreditar que pode chegar a essa situação melhor.

O último ponto é essencial no que diz respeito à questão da "barriga". Quando alguém está nove quilos acima do peso, um abdome definido é desejável, mas parece inconcebível. Só depois de perder a barriga é que o abdome definido vai parecer uma possibilidade. Na verdade, um estudo descobriu que as pessoas mais interessadas em conseguir um abdome assim eram as que não tinham barriga.

Esse é um conceito importante no que diz respeito à inovação: você precisa "encontrar as pessoas onde elas estão". Isto é, você tem de resolver qualquer desconforto que elas tenham (como uma barriga) antes de fazer com que fiquem animadas com qualquer outro ganho (como o abdome definido).

Perdas *versus* ganhos

Esse conceito pode ser ilustrado por uma questão que coloco para a minha plateia sempre que faço uma palestra. O que você preferiria?

1ª opção: um ganho garantido de 75 mil dólares?

2ª opção: 80% de chances de ganhar 100 mil dólares, com 20% de chances de não ganhar nada?

Quando faço essa pergunta, 75% das pessoas escolhem a primeira opção. Essa porcentagem é consistente em todos os grupos, não importa quem seja a plateia.

E entre as opções a seguir, qual você escolheria?

3ª opção: uma perda garantida de 75 mil dólares?

4ª opção: 80% de chances de perder 100 mil dólares, com 20% de chances de não perder nada?

Quando a plateia responde, 99% escolhe a segunda opção.

A primeira opção tem a ver com agir de maneira segura quando um ganho está em jogo. A quarta opção tem a ver com assumir riscos quando uma perda está em jogo.

É interessante notar que, quando você olha para essas opções, mesmo que a maioria das pessoas escolha a primeira e a quarta opções, a segunda e a terceira opções, estatisticamente, dão um retorno melhor. Em média, ganha-se 80 mil dólares com a segunda opção e perde-se 80 mil dólares com a quarta.

Em geral, as pessoas assumem riscos maiores para minimizar (ou reduzir) o desconforto/perda mesmo que haja um risco adverso quando a opção é aumentar seu prazer/ganho.

As agências de publicidade sabem disso muito bem. Por exemplo, em vez de oferecer paz de espírito, as empresas de seguro criam uma imagem do que seria perdido caso um evento catastrófico acontecesse e a pessoa não tivesse seguro.

Os ativistas também sabem disso. Segundo o autor Barry Schwartz, "apelos para que as mulheres façam o autoexame que enfatizam os benefícios da detecção do câncer nos primeiros estágios (ganhos) são menos efetivos do que os que enfatizam os custos de uma detecção tardia (perda)".

Em vez de vender para os clientes como seu produto ou serviço é ótimo, mostre a eles as desvantagens de optar por uma alternativa menos confiável. Ao vender seus serviços, que custam caro, uma amiga costuma perguntar ao possível cliente: "Se você precisar de uma cirurgia do coração, vai escolher um cardiologista de acordo com o preço?". Então mostra os riscos associados a não usar seus serviços.

Por que essa informação é importante para a inovação?

Elimine o desconforto e eles virão

Com frequência ouvimos a expressão "construa e eles virão". Quando se trata de inovação, "Elimine um desconforto e eles virão" seria uma afirmação mais adequada. O grande sucesso dos caixas automáticos é um ótimo exemplo disso.

Em meados da década de 1970, o Citibank era o segundo maior banco dos Estados Unidos. Em 1977, depois de investir centenas de milhões de dólares em pesquisa e desenvolvimento de tecnologia para caixas automáticos, o Citibank decidiu instalar máquinas por toda a cidade de Nova York. No começo, elas não eram muito populares. A tecnologia era confusa para os usuários de primeira viagem, as máquinas nem sempre eram precisas (às vezes davam a quantidade errada de dinheiro), além de serem impessoais. Segundo uma pessoa ligada ao lançamento dos caixas automáticos, os clientes que os usavam ficavam tão frustrados que muitos encerravam suas contas no banco.

Os caixas eletrônicos nunca teriam sido um sucesso se não fosse por um desastre natural.

O mês de fevereiro de 1978 sempre será lembrado por causa de uma nevasca que deixou o nordeste dos Estados Unidos debaixo de cerca de 1,20 m de neve. Em Nova York, quase 60 cm de neve fizeram a cidade parar. Os bancos não abriram. Em vez disso, as pessoas conseguiam dinheiro descontando cheques em supermercados locais. Mas a maioria dos supermercados logo ficou sem dinheiro.

Isso criou um "desconforto" em massa.

Para onde as pessoas foram? Para os caixas eletrônicos. Estima-se que durante as tempestades, o uso das máquinas cresceu 20%. Logo depois, o Citibank começou a veicular propagandas na TV que mostravam pessoas se arrastando pela neve em Nova York. Foi quando a empresa introduziu seu conhecido *slogan*: "The Citi Never Sleeps" (O Citi Nunca Dorme). Foi o verdadeiro renascimento dos caixas automáticos.

Em 1981, a participação do mercado de depósitos do Citibank em Nova York havia dobrado, sendo que grande parte do crescimento foi atribuído aos caixas automáticos.

Essa história ilustra um dilema e uma oportunidade para o inovador. Inovações brilhantes não são necessariamente adotadas pelas massas, e algumas ideias simplesmente precisam de tempo para ser incubadas e ganhar aceitação. Mas seu negócio vai sobreviver tempo suficiente para ver o sucesso?

Pessoas assumem grandes riscos para aliviar seus desconfortos, mas agem com precaução quando se trata de acrescentar conveniência. Os caixas automáticos tinham basicamente a ver com conveniência. O que foi necessário para que se tornassem um sucesso? Um desconforto causado por um desastre natural.

Pense sobre o último comercial de colchões que você viu. Todos dizem a mesma coisa: "Compre nossa cama XYZ e ganhe sua melhor noite de sono". Que tédio. O comercial pode me fazer dormir, mas não vai me fazer levantar da cama.

Agora, preste atenção nesta propaganda de rádio: "Se o seu colchão tem dez anos, ele pesa duas vezes mais que seu peso original por causa dos ácaros que acumulou ao longo dos anos". Eca! Isso cria um desconforto e faz você querer substituir o seu colchão imediatamente.

Suas ideias novas estão resolvendo algum problema? Se elas são apenas uma conveniência, o que você pode fazer para tirar vantagem do desconforto, mas sem ter de depender de desastres naturais?

> Com frequência ouvimos a expressão "construa e eles virão". Quando se trata de inovação, "Elimine um desconforto e eles virão" seria uma afirmação mais adequada.

Dica 16

Inove no que o diferencia

Em seu livro *A revolução dos bichos*, George Orwell escreveu: "Todos os animais são iguais, mas alguns são mais iguais do que os outros".

Esse é um mantra importante a ser lembrado quando da criação de um programa de inovação. Todas as competências são iguais, mas algumas são mais iguais do que as outras. Você não inova da mesma maneira para cada competência do seu negócio. E sua maneira de inovar não será igual à do seu concorrente.

Ao treinar executivos, uma das minhas atividades favoritas exige que os participantes analisem um conjunto comum de competências do setor de seguros: desenvolver produtos e serviços, serviço ao consumidor, administrar a receita, administrar canais de distribuição, *marketing* de produtos e serviços, atender a sinistros, administrar a rede de fornecedores terceirizados e planejar e administrar a empresa.

Então peço ao grupo que me diga que competência é mais importante em uma empresa de seguros. Com certa frequência, a primeira resposta é "atender a sinistros". "Por quê?", eu pergunto, e eles dizem: "Porque é por isso que os clientes contratam um seguro". Concordo que atender aos sinistros seja muito importante, mas não é o *mais* importante.

Alguém, então, sugere que é administrar a receita, porque é assim que a empresa faz dinheiro. Eu os comprimento novamente pela resposta, mas essa ainda não é a competência mais importante. Depois de quase todos os processos serem sugeridos, interrompo o grupo e digo: "Ok, vou dar a resposta para essa pergunta: 'Depende'.".

Gosto não se discute

Considere quatro empresas de seguro norte-americanas que atendem a mercados relativamente parecidos.

- *Unum Insurance*: a Unum é líder de mercado em seguros para portadores de deficiência, uma empresa que se diferencia pela análise e avaliação de riscos. Ela afirma, por exemplo, que tem dados tão detalhados que pode diferenciar os riscos entre um médico canhoto e um médico destro que dirigem Volvos e moram em Nova Jersey.
- *Progressive Insurance*: no final da década de 1990, quando a Progressive decidiu competir com os maiores jogadores, escolheu fazer isso mudando a maneira como processava os sinistros, tornando-se uma das empresas mais lucrativas do setor. Seus peritos em seguro operam a partir de *vans* com comunicação via celular e estações de trabalho com computadores. Como ficam dirigindo pela região pela qual são responsáveis, muitas vezes chegam ao lugar do acidente antes da polícia. Em muitos casos, os sinistros são processados onde ocorrem, e os peritos em seguro da empresa ficaram conhecidos por entregar um cheque no próprio local do acidente.

- *State Farm*: o posicionamento competitivo da State Farm depende da sua rede exclusiva (e extensa) de agentes e escritórios. Sua cobertura geográfica ampla é reforçada por seu lema: "Como um bom vizinho, a State Farm está sempre à disposição". A empresa se diferencia do resto por meio desse *slogan* e da sua rede.
- *USAA*: os clientes da USAA estão principalmente nos serviços militares transitórios e móveis, e a empresa é conhecida por oferecer ótima ajuda a esse nicho. Em um determinado momento, a USAA era a maior usuária de números de discagem gratuita, que são usados como o principal meio de comunicação com os clientes. Todos os seus esforços de inovação são focados em melhorar a vida de seus clientes (chamados de "membros"). Esses investimentos valeram a pena, já que a *BusinessWeek* continua a classificá-la como uma das melhores empresas no que diz respeito ao atendimento ao cliente.

Qual é a competência mais importante para a Unum? É administrar a receita. Para a Progressive, sua fonte de diferenciação é o atendimento a sinistros. Para a State Farm, sua rede de distribuição é essencial, porque ela lida com uma grande parte da população. Finalmente, a USAA foca no atendimento ao cliente. Competências que são estratégicas para uma organização podem ser menos essenciais para outra no mesmo setor. Todas essas quatro empresas estão essencialmente no mesmo negócio, mas cada uma se concentra em uma competência diferente para alcançar uma vantagem competitiva no mercado.

Qual é a *sua* competência mais importante? Quando faço essa pergunta para CEOs, outros executivos de alto escalão e funcionários, normalmente há um silêncio longo e constrangedor. A maioria das pessoas não pensa em seus negócios nesses termos. Mas como você verá na próxima dica, definir o seu foco claramente o ajudará a alocar seus investimentos de inovação.

Claro que isso não significa que você só precise se superar em uma parte do negócio. O objetivo é ajudá-lo a identificar o que o diferencia, o que com frequência muda ao longo do tempo. Por exemplo, a Progressive Insurance atualmente é mais conhecida não por seus Veículos de Resposta Imediata, mas por sua competência de oferecer cotações dos seus concorrentes junto com as suas.

Então, qual é a sua competência mais importante? Apesar de a questão ser simples, a resposta exige reflexão e alinhamento significativos, e respondê-la é importante para determinar sua estratégia de inovação. Principalmente, ela ajuda a focar seu limitado orçamento de inovação nas competências que produzirão maior impacto.

> Todas as competências são iguais, mas algumas são mais iguais do que as outras. Você não inova da mesma maneira para cada competência do seu negócio. E sua maneira de inovar não será igual à do seu concorrente.

Dica 17

Já percebeu como o tamanho único nunca serve para todos?

Assim que você identificar sua competência "mais importante", pode usar essa informação para desenvolver sua estratégia de operação – a maneira como você administra o seu negócio. Veja a seguir um esquema simples, chamado de ITM (Innovation Targeting Matrix, ou Matriz de Foco de Inovação), que uso para ajudar as organizações a identificar as estratégias certas para o seu negócio.

DIFERENCIADORA	Inove
CENTRAL	Automatize Simplifique Terceirize
BÁSICA	Elimine Minimize Terceirize

O ITM ilustra como as competências podem ser divididas em três níveis de importância estratégica (do menos para o mais importante): "básica", "central" e "diferenciadora".

As *competências básicas* são necessárias para administrar o negócio mesmo que não sejam seu negócio principal. Com frequência são o RH, o TI ou o departamento financeiro.

- *Estratégia de operação*: o trabalho básico deve ser minimizado e, idealmente, terceirizado o máximo possível.
- Contenção de gastos é a estratégia principal enquanto ainda se garante alta qualidade.

As *competências centrais* são essenciais para o seu negócio, mas não são sua fonte de vantagem competitiva. Elas criam valor direto para o cliente. Para uma empresa que fabrica algum produto, entre as competências centrais podem estar o atendimento a pedidos, os pedidos de compra e o suporte aos produtos. Muitas vezes essas capacidades são "transacionais" por natureza.

- *Estratégia de operação*: o trabalho central deve ser simplificado e automatizado sempre que possível. O objetivo é fazer com que essas competências se tornem máquinas bem lubrificadas.
- A principal estratégia é a eficiência.

As *competências diferenciadoras* são as que o diferenciam da concorrência. Essas são suas competências mais importantes, como dissemos na dica anterior. O ideal é que você tenha apenas uma ou duas competências como essa. Na USAA, por exemplo, se trata do serviço ao cliente.

- *Estratégia de operação*: o trabalho de diferenciação normalmente envolve conhecimento e é onde se deve fazer o maior

investimento. O ideal é fortalecer os funcionários especializados para que atinjam resultados que não sejam pré-fabricados e que continuarão a diferenciá-los da concorrência.
- Inovação é a estratégia principal.

Há diversos pontos importantes a serem destacados nesse modelo:

- *Antes de inovar, tenha certeza de que seu centro está funcionando*: como a inovação parece sempre fantástica, muitas vezes as empresas tentam focar em competências de diferenciação antes de ter uma boa base, o que é um erro. Suas competências centrais devem estar funcionando bem (de modo eficiente, com baixas taxas de erro e altos níveis de serviço) antes de você começar a se preocupar com seus elementos de diferenciação.
- *Use essa abordagem de foco em todos os níveis*: esse modelo é valioso não apenas no nível empresarial, mas também dentro de cada competência. Mesmo as competências básicas têm componentes que ajudam a diferenciar a empresa. Por exemplo, uma grande empresa de consultoria estava reavaliando o currículo de seu treinamento corporativo e usou esse modelo para ajudar no processo. Primeiro, determinou quais aulas forneciam competências necessárias para superar a concorrência – isto é, ela está treinando seus elementos de diferenciação. Para tanto, foram desenvolvidos cursos internos customizados com a ajuda de universidades de ponta e líderes experientes. No caso das competências de consultoria centrais, a empresa estabeleceu uma parceria com organizações de treinamento de nível mundial para fornecer versões personalizadas de treinamentos já existentes. E para as competências básicas menos importantes, usou módulos de treinamento prontos (treinamento terceirizado).

- *Reconheça que a tecnologia pode ser um elemento de diferenciação*: às vezes, sua competência diferenciadora pode ser a que garante que o trabalho dos outros seja reproduzível e previsível. Elas podem ser competências que talvez consideremos como sendo simplesmente básicas: TI, financeiro ou RH. Por exemplo, o Wal-Mart investe pesado na habilidade de ligar lojas, depósitos e vendedores por meio de tecnologia de ponta. Os funcionários que desenvolvem esses sistemas de computador são alguns dos especialistas mais valiosos da rede de supermercados.
- *Você não pode alcançar seu concorrente*: se você é o número dois ou três (ou algo pior) no seu campo de atuação, sua competência diferenciadora idealmente deveria ser diferente da dos seus concorrentes que lideram o mercado. Na hora de brincar de pega-pega, é essencial mudar as regras. É difícil superar alguém jogando pelas regras *deles*.
- *Seus elementos de diferenciação deveriam ser difíceis de copiar*: se é fácil para o seu concorrente copiar sua competência diferenciadora, provavelmente ela não é um elemento diferenciador. Uma empresa que oferece garantias para seus aquecedores de água e outros equipamentos defendia que suas ofertas – sua linha de produtos e o preço de seus serviços – eram seu elemento diferenciador competitivo. Quando perguntei ao grupo: "Quanto tempo depois de introduzir uma oferta nova seu concorrente oferece o mesmo negócio?". Descobri que a resposta era: "Em menos de duas semanas". Claramente, esse não é um bom elemento diferenciador. Depois de cavar mais um pouco, descobrimos que o relacionamento profundo da empresa com seus técnicos terceirizados era diferente e incontestável. Esse era um grande elemento diferenciador. A menos que você queira se reinventar a cada semana, deve encontrar um elemento diferenciador que seja difícil para os outros replicar e que seja exclusivamente seu.

É importante compreender seus elementos de diferenciação, pois esse é um componente essencial para a estratégia de negócios de qualquer empresa. E tão importante quanto isso é saber como esses elementos de diferenciação se traduzem na sua estratégia de inovação. Isso ajuda a fazer com que as prioridades cheguem até os níveis mais baixos da organização. E ajuda a focar os investimentos nas áreas de inovação que irão criar maiores retornos. E ajuda, ainda, a determinar quais desafios provavelmente levarão sua organização adiante.

É importante saber como seus elementos de diferenciação se traduzem na sua estratégia de inovação. Isso ajuda a fazer com que as prioridades cheguem até os níveis mais baixos da organização.

Dica 18

As melhores práticas (às vezes) são burras

Eu jogo golfe – não muito bem, mas jogo. Meu *handicap* tem dois dígitos. Acertar os buracos no par seria um sonho. Mas para Tiger Woods, um par seria um pesadelo. Lembro-me dessa comparação quando vejo empresas que se satisfazem em focar no seu entendimento de "par", também conhecido como melhor prática. Esse já foi um objetivo admirável, mas hoje em dia não é suficiente. Seus concorrentes se parecem mais com Tiger Woods do que comigo. O par não mantém você vivo no ambiente atual. Assim que algo se torna uma melhor prática, realmente já não é uma melhor prática.

Inovação tem a ver com adaptação, sua habilidade de mudar para ficar um passo à frente da concorrência. Quando você imita a melhor prática de alguém, não está saindo na frente, mas brincando de pega-pega. Sua competência de diferenciação, em especial, precisa ser única e diferente, e não baseada no que os outros estão fazendo. Quando a Progressive Insurance quis competir com os grandes, ela não usou as melhores práticas; criou os Veículos de Resposta Imediata, algo único no setor.

O melhor uso das melhores práticas

No entanto, depois de dizer isso, não sou completamente contra as melhores práticas. Só sou contra usá-las como estratégia de inovação para suas capacidades diferenciadoras.

Aqui estão alguns exemplos nos quais as melhores práticas podem ser úteis.

- *Centro e base*: na verdade, as melhores práticas podem ser úteis para as capacidades centrais e básicas (veja a dica anterior). Essas capacidades deveriam funcionar como uma máquina bem lubrificada com alta qualidade e baixo custo. Mas essas capacidades não irão ajudá-lo a se destacar da multidão do mercado.
- *As melhores práticas de fora da sua área de atuação*: você pode conseguir inovações incríveis com empresas que não são suas concorrentes. Na verdade, incentivo a "roubar com orgulho" de empresas fora do seu setor. Por exemplo, a Southwest Airlines fez isso quando usou como referência uma equipe de *pit stop* das 500 Milhas de Indianápolis para melhorar o tempo de carga e descarga dos seus aviões. Hospitais ganharam novas ideias estudando o processo de *check-in* de hotéis. E uma empresa que fornece material de escritório pelo correio melhorou o retorno dos cartuchos de tinta vazios utilizando o processo de assinaturas de DVD da Netflix. Às vezes, esse cruzamento de melhores práticas entre setores pode ser revolucionário.
- *Inovação*: apesar de você dever focar seus esforços de inovação em *suas* capacidades de diferenciação, a menos que seja uma empresa de inovação (como a IDEO ou a InnoCentive), a *maneira como* você inova provavelmente não é um elemento diferenciador. Por exemplo, se você é uma empresa de seguros, deve aplicar inovação no seu processamento dos

sinistros, se isso é o que a diferencia. Mas o processo de inovação é apenas uma competência central. Não há por que inventar novos métodos de inovação. Portanto, use suas melhores práticas de inovação onde e quando for possível. A leitura deste livro vai fornecer diversas dessas melhores práticas.

As melhores práticas não são uma estratégia de inovação. Copiar a concorrência só vai ajudá-lo a conseguir paridade. Apenas quando entender sua estratégia de foco de inovação é que você conseguirá determinar quais práticas são úteis e quais são perda de tempo.

> Seus concorrentes são como o Tiger Woods.
> Um par (ou uma melhor prática) não mantém
> você vivo no ambiente atual.

Dica 19

Simplificar é a melhor inovação

Antoine de Saint-Exupéry, autor de O *pequeno príncipe*, disse certa vez: "A perfeição só é finalmente alcançada não quando não há mais nada a ser acrescentado, mas quando não há mais nada a ser retirado".

Infelizmente, a maioria dos inovadores acredita que perfeição tem a ver com acrescentar o máximo de características e funções possível, o que resulta, com muita frequência, em novos produtos extremamente complexos e que acabam servindo a seus clientes mais do que o necessário.

O Microsoft Office é um exemplo perfeito disso. Enquanto 99% das funções do *software* não são usadas, essas complexidades fazem o computador ficar lento e diminuem a facilidade de uso. Ser capaz de fazer tudo para todos não é perfeição.

Torne seus produtos mais acessíveis

Em vez de buscar a perfeição, concentre-se em tornar seus produtos mais acessíveis. "Acessível" pode significar várias coisas.

O mercado de *video games* sempre flertou com aparelhos cada vez mais rápidos e com gráficos de alta qualidade. Mas o Nintendo Wii mudou isso. Em vez de criar jogos mais sofisticados e complicados, que atrairiam os jogadores mais avançados, a Nintendo criou uma interface que seria atraente para pessoas entre 8 e 80 anos de idade. Isso é acessibilidade. Em 2008, 10,2 milhões de unidades de Wii foram vendidas somente nos Estados Unidos, em comparação com apenas 4,7 milhões de unidades do Xbox 360 e 3,5 milhões do PlayStation 3. E havia uma quantidade significativa de dinheiro sendo feita com todos os aplicativos adicionais do Wii. Desde então, concorrentes como o Xbox 360 Kinect foram rápidos ao replicar o sucesso do Wii, criando um nível completamente novo de competição.

As organizações baseadas em serviços podem tornar suas ofertas mais baratas e acessíveis transformando-as em produtos físicos ou digitais que exijam pouca ou nenhuma intervenção humana.

- O Cybersettle automatiza o processamento dos sinistros pelas seguradoras.
- As cartas do My Personality Poker permitem que as pessoas recriem uma das apresentações mais populares por uma fração do custo.
- Ferramentas de autoavaliação podem reduzir a dependência de consultores.
- Tecnologias de diagnóstico a distância podem acelerar os exames médicos e classificar os pacientes antes de eles irem ao médico.
- O PlumChoice.com permite que técnicos consertem computadores remotamente, economizando o dinheiro dos clientes e eliminando a necessidade de levar a máquina até a loja.
- O LegalZoom.com oferece aconselhamento jurídico a baixo custo para pessoas que talvez de outra forma não procurassem ajuda.

- O Turbofax simplifica o preenchimento de formulários de imposto.
- A Ernst&Young Consulting (agora Capgemini) ofereceu certa época um serviço de assinatura, Ernie, que fornecia alternativas *on-line* de baixo custo para pequenos negócios.
- Especialistas convertem sua propriedade intelectual em livros, MP3s, DVDs, sistemas de treinamento entregues em formato digital (incluindo o *e-learning*) ou bases de dados *on-line*.

E as possibilidades são infinitas.

Outra opção é desenvolver uma versão de baixo custo dos seus produtos e serviços. Analise por que as pessoas realmente estão usando seus produtos/serviços e as maneiras mais simples de lhes entregar o resultado desejado. *Notebooks* de mil reais são populares porque são computadores "pelados", e a maioria das pessoas só quer usar o processador de texto e navegar na internet. O iPad da Apple leva isso um passo adiante ao criar uma interface intuitiva em um produto incrivelmente leve, tornando-o acessível tanto para os *geeks* como para quem tem fobia de tecnologia. E, pela primeira vez, as vendas de *smartphones* estão batendo as de computadores.

A Dow Corning, fabricante de produtos a base de silicone, tradicionalmente sempre esteve no negócio de volume pequeno e alto serviço. Para tornar seus produtos mais acessíveis e baratos, ela lançou um negócio de grande volume e pouco serviço, vendido apenas pela internet e no atacado, sem a intermediação de *call centers*. Apesar de esse modelo canibalizar parte do negócio central da Dow Corning, no todo fez com que o negócio crescesse consideravelmente, dando à empresa acesso a compradores que nunca haviam usado seus produtos antes.

Que características, serviços ou qualidades podem ser reduzidos para atender a um novo mercado?

Michelangelo disse: "Em cada bloco de mármore vejo uma escultura pronta como se estivesse diante de mim, esculpida e perfeita na atitude e na ação. Só preciso retirar as paredes grossas que aprisionam essa graciosa aparição para revelá-la para os olhos dos outros, assim como os meus já a viram". Meu palpite é que a obra de arte está escondida sob um monte de características, funções e serviços caros e desnecessários.

"A perfeição só é finalmente alcançada não quando não há mais nada a ser acrescentado, mas quando não há mais nada a ser retirado."
– Antoine de Saint-Exupéry.

ANÁLISES

Números para inovar e motivar

Todos os executivos sabem que os números são importantes para administrar qualquer negócio. Mas seus números estimulam inventividade e promovem uma inovação eficiente? Ou eles estão sem querer matando a criatividade e encorajando comportamentos indesejáveis? A inovação de sucesso exige uma compreensão de teorias de psicologia, neurociência, motivação e do método científico. Armado com essas informações, é possível motivar sua equipe a participar da inovação e minimizar os riscos associados ao fracasso.

Dica 20

Motive com Maslow

O Skeeball é um jogo de fliperama no qual os jogadores jogam a bola para fazer pontos. Ele era muito popular durante a minha infância. Por quê? O que motivava as crianças a gastar parte de suas mesadas nesse jogo? Claro que era divertido. Mas mais importante do que isso: ele foi um dos primeiros jogos de fliperama a dar um cupom de acordo com o número de pontos que você conseguiu, o que podia ser trocado por prêmios bobos, como doces, dentaduras de vampiro ou aranhas de borracha. Apesar de os prêmios mais desejados exigirem milhares de tíquetes e estarem fora do alcance de praticamente todos os jogadores, jogávamos mesmo assim, comemorando cada cupom que conseguíamos.

A técnica de motivação que fez com que gastássemos nosso dinheiro ainda é usada nas corporações hoje em dia para fazer com que as pessoas participem dos esforços de inovação. Vamos analisar alguns dos métodos mais populares:

Motivadores intrínsecos

Apesar dos bônus em dinheiro para motivar a inovação existirem há anos, métodos mais sofisticados se tornaram mais populares nos últimos tempos. Um deles tem a ver com um sistema de pontos. Quando você contribui com uma ideia ou solução, comentário, ou voto, recebe pontos – algo parecido com os programas de fidelidade dos cartões de crédito ou os cupons do Skeeball – que podem ser usados para comprar uma série de itens: camisetas da empresa, canecas etc.

Algumas empresas levaram tal conceito um pouco adiante e permitem que as pessoas acumulem pontos que podem ser usados em leilões. Uma vez por mês, a empresa leiloa uma viagem para, por exemplo, o Taiti. Qualquer um que tenha pontos pode fazer ofertas. Isso encoraja as pessoas a ganhar e economizar a maior quantidade de pontos possível para que tenham a chance de obter prêmios realmente grandes.

Outro modelo que não precisa necessariamente de um sistema de pontos tem a ver com prêmios “sem preço”. Você se lembra dos comerciais do MasterCard? Jantar com o CEO, ter uma boa vaga no estacionamento ou uma semana a mais de férias não tem preço? Esses tipos de prêmio são ótimos motivadores, porque dinheiro algum pode comprá-los.

Todos esses modelos têm uma forma intrínseca de motivação em comum. Todos eles oferecem prêmios tangíveis. Chip Conley, autor de *Peak*, ressalta que tais motivadores têm relação com os níveis mais baixos da hierarquia de necessidades de Abraham Maslow – os cinco níveis de necessidades humanas, sendo que as mais altas não são sentidas enquanto as mais baixas não forem satisfeitas. Os dois níveis mais baixos têm a ver com fisiologia (alimento e moradia, por exemplo) e segurança. Motivações extrínsecas, como dinheiro, permitem que você atenda a essas necessidades humanas básicas.

Ainda assim, existe espaço para outras formas, potencialmente mais efetivas, de motivar a inovação.

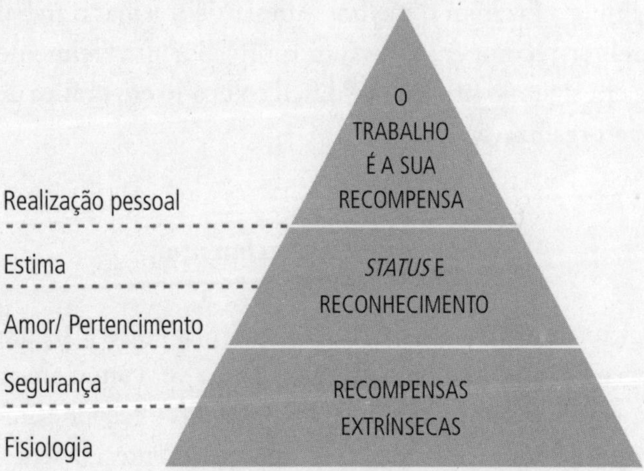

O trabalho é a sua recompensa

No nível mais alto da hierarquia de Maslow encontra-se a realização pessoal. No mundo da inovação e dos negócios, é ali que o trabalho é a sua recompensa. O movimento de *softwares open-source* foi desenvolvido, em grande parte, a partir desse modelo. Milhões de pessoas desenvolveram *softwares* sem nenhuma compensação extrínseca formal. Muitos o fazem apenas porque "se sentem bem ao contribuir". Para alguns, isso tem a ver com desenvolver *softwares* que irão derrotar o "império do mal" (mais conhecido como Microsoft).

Quanto trabalhei na Fórmula 1, aprendi o poder desse nível mais alto de motivação. Na fábrica em que os carros eram produzidos, o trabalho parecia-se com o dos operários de fábricas de carro tradicionais. Mas os funcionários da equipe de corrida trabalham várias horas, muitas vezes recebendo menos que seus companheiros tradicionais. Por quê? Porque adoram seu emprego. Não importa *o que* estejam fazendo. É o *porquê* de fazerem que os motiva. Fazer parte de uma equipe de corrida vitoriosa os estimula a fazerem o melhor. Apesar de o lema "o trabalho é sua melhor recompensa" ser um motivador incrivelmente eficiente em algumas situações, é difícil colocá-lo em prática dentro de uma organização comum.

Status e reconhecimento

Há um terceiro tipo de motivação que fica entre a segurança/fisiologia e a satisfação pessoal, e que tem a ver com o amor/pertencimento e a autoestima de Maslow: *status* e reconhecimento. Esse tipo de motivação pode ser extremamente eficiente, em especial em organizações nas quais as pessoas são contratadas principalmente por causa de seus diplomas e inteligência.

Para alguns indivíduos, ser reconhecido, especialmente por seus pares, é a maior forma de motivação. Em alguns círculos, por exemplo, ser publicado em um jornal endossado pelos pares é uma das maiores honras que alguém pode receber.

Portanto, encontre maneiras de reconhecer as pessoas, em especial quando isso tem a ver com ser reconhecido pelos pares. O nome desse jogo é *status*.

Uma maneira de fazer isso, se usar um sistema de pontos como o descrito anteriormente, é criando um quadro de líderes. Isso cria uma competição amigável no ambiente de trabalho e ajuda os indivíduos a se destacar da multidão de acordo com suas contribuições.

Outra abordagem, claro, é desenvolver um bom programa de reconhecimento como parte do seu planejamento de comunicação. Muitas empresas fazem isso, mas raramente o fazem direito.

Aqui está uma oportunidade real...

Pare de reconhecer as pessoas por fazerem o trabalho delas

Pare de reconhecer as pessoas por fazerem o trabalho delas. Quando você contrata pessoas para trabalhar para você, espera-se que tenham um nível mínimo de competência. Quando elas são reconhecidas por fazerem o trabalho para o qual foram contratadas, isso reforça uma cultura em que o *status quo* é bom o suficiente.

Em vez disso, reconheça e recompense as pessoas por irem além das suas funções e por fazerem o inesperado.

Se você quer encorajar uma inovação aberta ou uma colaboração entre negócios, então reconheça as pessoas por isso. Se quer que seus funcionários assumam riscos, chame a atenção para os indivíduos que fazem isso. Se deseja que as pessoas saibam que o fracasso é aceitável – quando acontece do jeito certo –, então ressalte situações nas quais nada funcionou do jeito esperado mas que ainda assim permitiram que lições poderosas fossem aprendidas.

Quando você muda as conversas dentro da sua organização, começa a mudar a cultura. Esse tipo de programa de motivação é uma ótima oportunidade para criar um ambiente de inovação e promover os valores que são importantes para a sua organização.

Não existe uma abordagem que sirva a todos na hora de motivar os funcionários. Cada indivíduo tem necessidades e desejos diferentes. Mas quando feito do jeito certo, um bom programa de reconhecimento e recompensas pode fazer com que o modelo de motivação do Skeeball pareça brincadeira de criança.

> Pare de reconhecer as pessoas por fazerem o trabalho delas. Quando você contrata pessoas para trabalhar para você, espera-se que tenham um nível mínimo de competência. Quando elas são reconhecidas por fazerem o trabalho para o qual foram contratadas, isso reforça uma cultura na qual o *status quo* é bom o suficiente.

Dica 21

Você consegue o que mede, mas vai conseguir o que quer?

Há um velho ditado no mundo dos negócios que diz: "Você consegue o que mede". Mas a grande questão é, vai conseguir o que quer? Muitos sistemas de medição da inovação são criados de uma maneira que, sem querer, acaba promovendo comportamentos indesejáveis. Eles medem as coisas erradas, oferecendo, portanto, resultados pobres.

Em geral, existem quatro maneiras de medir a inovação:

1. *Medir a atividade/capacidade*: mede-se a atividade associada à participação em seus desafios e no programa de inovação em geral (por exemplo, o número de resolvedores registrados, o número de propostas por desafio, a porcentagem de tempo investido em inovação, a porcentagem de funcionários treinados em inovação).
2. *Medir a taxa de resolução*: mede-se de maneira subjetiva quão bem você resolveu seus desafios (por exemplo, porcentagem de desafios resolvidos parcialmente, porcentagem de desafios resolvidos por completo, valor potencial das soluções).

3. *Medir a implementação*: encontrar soluções para o seu desafio não é suficiente. É preciso implantar essas soluções de maneira eficiente do ponto de vista financeiro e do tempo (por exemplo, porcentagem de soluções postas em prática, tempo até o mercado, custos de execução, porcentagem de produtos lançados no prazo).
4. *Medir o valor da realização*: mede-se o verdadeiro valor acumulado (por exemplo, aumento nos lucros, redução de custos, porcentagem de lucro a partir de inovações introduzidas nos últimos seis meses, taxa de retorno geral).

Claro que queremos que nossos esforços de inovação resultem em valor – a última medição é a hora da verdade. Mas, às vezes, a realização do valor pode levar anos, ou, no caso de empresas farmacêuticas, décadas. Portanto, as três primeiras medições são necessárias para monitorar o progresso do seu programa a curto prazo. Há indicadores importantes que podem ajudar a prever o sucesso a longo prazo.

A primeira categoria – atividade e capacidade – é útil para medir tendências ao longo do tempo para, por exemplo, engajamento da comunidade, eficiência da comunicação interna e qualidade dos desafios. Mas, às vezes, medir a atividade pode ser enganador.

Quando trabalho com meus clientes, uma das medições de atividade mais comuns é o número de soluções propostas para um determinado desafio. Mas muitas vezes isso leva a resultados enganadores. O que é melhor: receber cem soluções ou apenas duas? Apesar de muita gente pensar de maneira intuitiva que cem é melhor, isso não é necessariamente verdade. Como foi apontado antes, não é o número absoluto que importa, mas a proporção de boas soluções em relação a soluções ruins. Se você recebeu cem soluções das quais apenas duas eram exatamente o que você precisava e as outras 98 eram inúteis, isso deveria ser pior do que receber apenas duas que acertaram o alvo.

Apesar de ser bom ter bastante atividade, propostas demais podem indicar que você não definiu bem o seu desafio. Lembre-se de que um desafio bem definido é aquele que se autoavalia, evitando que muitas propostas ruins entrem no sistema. O desafio da atividade solar proposto pela NASA teve como resultado apenas quatro soluções, mas uma delas acertou na mosca. Portanto, a proporção de boas soluções em relação a más (também chamada de "relação sinal-ruído") pode ser uma medição mais interessante.

O segredo é ter certeza de que você entende as consequências inesperadas do seu sistema de medição, em especial quando se trata de medir as atividades. Se usado de maneira apropriada, esses números podem ajudá-lo a obter maiores taxas de resolução (medição número 2).

Como diagnosticar o desempenho

Mas uma alta taxa de resolução nem sempre leva a um valor maior (medição número 4). Altas taxas de resolução com valor baixo podem indicar problemas com o seu programa de inovação:

- *Implementação ruim*: você não é capaz de converter soluções em produtos/serviços finais.
- *Comercialização ruim*: suas soluções não atendem às necessidades do mercado/consumidores e por isso não geram lucro.
- *Pouca relevância*: seus desafios, apesar de resolvidos, não são importantes o suficiente para fazer os esforços de inovação da organização seguirem adiante.

Os números são importantes para ajudar a controlar seus esforços de inovação, e eles podem ajudar a diagnosticar potenciais problemas, mas é importante medir as coisas certas.

Simplesmente mudar o que você mede pode ter um impacto significativo nos resultados.

Pense no processo típico de desenvolvimento de um produto. As pessoas do departamento de pesquisa e desenvolvimento são as únicas responsáveis por essa tarefa, muitas vezes desenvolvendo soluções do alto de suas torres de marfim. As soluções da sua empresa podem ou não atender às necessidades do cliente, e muitas vezes não atendem às necessidades internas. Um dos fabricantes de produtos hospitalares líderes da Europa, em uma tentativa de resolver o problema, mudou sua maneira de trabalhar: passou a ter equipes com funções diferentes com responsabilidade conjunta pelo resultado final. Agora o desenvolvimento não termina mais na definição do produto. Ele continua até três meses depois do seu lançamento. Vendas, *marketing*, produção, jurídico, gerenciamento da distribuição e outros departamentos se envolvem nesse esforço que agrupa funções diferentes. Como resultado, quase 70% dos produtos novos da empresa são lançados dentro do prazo, em comparação com apenas 15% anteriores.

Peter Drucker certa vez disse: "Se você não consegue medir, não consegue administrar". Sim, os números têm um papel importante na inovação, pois são uma previsão do desempenho, podem detectar potenciais problemas com antecedência e motivam comportamentos. O segredo é usar as medições certas de maneira a ajudar, e não atrapalhar, a inovação.

> Muitos sistemas de medição da inovação
> são criados de uma maneira que, sem querer,
> acaba promovendo comportamentos indesejáveis.

Dica 22

O paradoxo do desempenho

Se você quer ir mais depressa, pare de se concentrar na velocidade. Se quiser ser mais criativo, pare de medir a criatividade. De maneira paradoxal, quando uma organização se concentra demais em seus objetivos, é menos provável que os atinja.

Vamos pensar novamente em uma equipe de corrida de Fórmula 1. Apesar de os carros serem maravilhas tecnológicas, as equipes de *pit stop* sempre me fascinaram mais. Quando trabalhava com eles, uma equipe de *pit stop* consistia de vinte homens que trabalhavam nos carros de corrida, abastecendo, enchendo os pneus e fazendo a manutenção necessária em questão de segundos. Para garantir que cada um estivesse no papel certo, os membros das equipes trocavam de posições várias vezes durante os treinos até descobrirem a melhor configuração da equipe. Um cronômetro media o tempo em milésimos de segundos. Conforme eles treinavam, chegava um ponto em que não importava quanto tentassem, não conseguiam ir mais rápido. Nem mesmo um milésimo de segundo mais rápido. Esse era o seu desempenho máximo, o melhor tempo que conseguiam alcançar.

Então, para fazer uma experiência, o chefe da equipe de *pit stop* disse ao grupo para *não* se concentrar no tempo, mas no seu estilo. Eles foram solicitados a pensar na palavra "suave" enquanto trocavam pneus. Desta vez, os movimentos eram mais importantes que a velocidade. Surpreendentemente, quando não estavam se concentrando na velocidade, a equipe ganhou vários décimos de segundo além do seu melhor tempo, apesar de, mesmo assim, sentirem que estavam indo mais devagar.

Chamo isso de paradoxo do desempenho. Ele acontece quando se concentrar demais em um objetivo futuro (por exemplo, bater o cronômetro) pode justamente ser o que está evitando que você (e sua equipe) atinja suas metas.

Apesar de o conceito geral de motivação contraintuitiva ter ganho *status* de cultura *pop* nos últimos tempos por causa de livros como *Motivação 3.0*, de Daniel Pink, as pesquisas nessa área datam da virada do século passado.

No começo da década de 1900, Robert Yerkes e D. J. Dodson desenvolveram uma lei com o apropriado nome de Yerkes-Dodson, cujo princípio é de que o desempenho aumenta em relação à motivação (que eles chamavam de excitação) apenas até um ponto, depois do qual o desempenho cai. Então, como

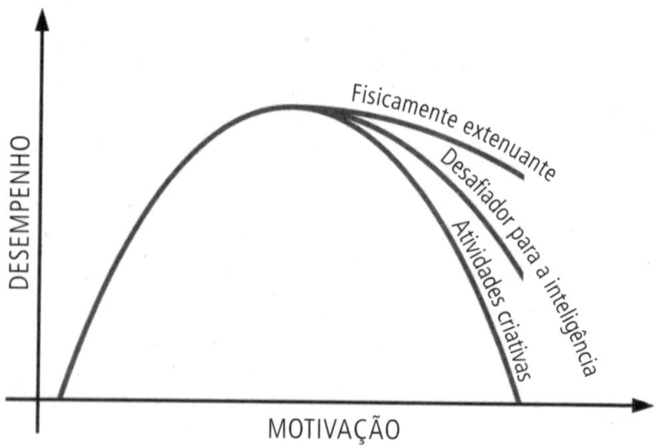

você ficou supermotivado, paradoxalmente, o desempenho diminui. Em geral, essa progressão é desenhada como uma curva em "U" invertida.

O segredo é encontrar o ponto de desempenho ótimo. E isso normalmente tem a ver com o foco na atividade, não no objetivo ou na meta.

Yerkes e Dodson sugeriram que tarefas diferentes exigem diferentes níveis de excitação (para usar as palavras deles). Por exemplo, tarefas que exigem muito do físico precisam de níveis mais altos de motivação. Isso explica por que atletas profissionais estão inclinados a ser mais motivados pelo objetivo. Mesmo assim, como demonstrado pelo exemplo da equipe de *pit stop*, focar demais no objetivo vai prejudicar até mesmo o desempenho físico.

No mundo dos negócios, Yerkes e Dodson descobriram que, para melhorar a concentração, tarefas intelectualmente desafiadoras exigem menores níveis de excitação/motivação. E quanto mais criativa a atividade, menos motivação era exigida para atingir altos níveis de desempenho.

Na verdade, estudos revelaram que a criatividade muitas vezes diminui quando os indivíduos são recompensados (motivação externa/extrínseca) por fazerem seu trabalho. Por quê? Porque o desejo de atingir um objetivo supera o interesse pessoal na empreitada.

Se uma recompensa – dinheiro, prêmios ou mesmo um elogio – se torna a razão para participar de uma atividade, a empreitada por si só acabará sendo vista como menos agradável e o foco irá se deslocar para realizar a tarefa rapidamente com risco mínimo. Isso obscurece o estímulo intelectual do processo e mata a criatividade. A criatividade é um processo que não pode ser forçado.

A dra. Teresa Amabile, da Universidade de Harvard, certa vez escreveu que "as recompensas minam a criatividade quando [indivíduos acham que sua] a determinação é minada". No entanto, "as recompensas podem melhorar a criatividade quando confirmam a competência, oferecem informações úteis de maneira abrangente, ou permitem que as pessoas façam algo que já estavam intrinsicamente motivadas a fazer".

Muitas vezes isso é alcançado da melhor forma por meio de medidas que fazem as pessoas sentirem que estão no controle em vez de sendo controladas. A liberdade para ser criativo (em vez de ordens para ser criativo) aumenta o desempenho.

O que uma organização pode fazer para lidar com esse paradoxo do desempenho?

Assim como a equipe do *pit stop* precisava parar de se concentrar no cronômetro para poder ir mais rápido, você e sua equipe precisam parar de focar em seus objetivos para poder aumentar a criatividade e o desempenho. Isso tem a ver com estar presente – um conceito que muitas vezes é difícil de adotar.

Uma estudante de Ensino Médio que conheci certa vez estava ficando cada vez mais ansiosa com a prova final de matemática que se aproximava, porque esta sempre fora sua disciplina mais fraca. Ela estudou muito, mas apesar de seus esforços, fracassou. O estresse para ter um bom desempenho a estimulou demais, o que dificultou sua concentração. Nos negócios, sem querer, agimos da mesma forma quando determinamos prazos apertados e metas agressivas demais.

Felizmente, os professores deram outra oportunidade para a estudante. Mas, dessa vez, em vez de se concentrar em passar na prova (no resultado), quando ela se levantava pela manhã, imaginava que era Condoleezza Rice, a ex-secretária de Estado norte-americana e uma mulher bem-sucedida e com ótima formação. Na sua cabeça, a dra. Rice não precisaria se preocupar com uma prova de matemática do Ensino Médio, então ela também não precisava. Ao se imaginar como outra pessoa, a estudante parou de sofrer e ganhou mais confiança. Ao mudar sua maneira de pensar e ao não se concentrar no resultado, diminuiu seu estresse e acertou 93% da prova, seu melhor desempenho até então.

Por que esse paradoxo do desempenho acontece? Uma das razões tem a ver com a estrutura do cérebro.

O cerebelo é o lugar onde guardamos habilidades já praticadas para serem recuperadas de maneira automática. Infelizmente, nos tornamos menos proficientes nessas habilidades já praticadas quando colocamos o córtex cerebral em funcionamento – a parte racional do cérebro. Pensar demais automaticamente acaba com a memória.

Por exemplo, digamos que você seja um ótimo jogador de golfe e praticou seu *swing* centenas de vezes. Para acessar essa habilidade, você precisa parar de pensar nela. Quando estiver em uma competição (uma situação estressante) e tentar acessar essas respostas já praticadas pensando nelas, vai se atrapalhar. As respostas armazenadas podem ser acessadas apenas por meio do relaxamento. Comportamentos praticados em um ambiente calmo podem ser usados com um bom nível de proficiência.

O mesmo acontece com a criatividade.

A maioria dos indivíduos é criativa por natureza, mas muitas vezes pensamos demais e perdemos nossa capacidade de fazer o que, para nós, é uma habilidade natural. Resumindo, estamos atrapalhando nossa habilidade de ser criativos quando pensamos demais, nos estressamos demais, ou somos motivados de maneira extrínseca.

Para aumentar a criatividade, primeiro você precisa estar consciente do impacto do estresse na criatividade da sua empresa. Assim, a fim de reduzir o estresse, encoraje os funcionários a se concentrar no processo em vez de no resultado. Acrescente medições subjetivas ao seu sistema de administração de desempenho e avalie as pessoas em relação à sua contribuição qualitativa para o negócio, não apenas por meio de números quantitativos.

Uma empresa que conheço faz com que seus funcionários meditem antes de embarcar em qualquer empreitada criativa. Apesar de isso talvez ir além do que a maioria das empresas se sente confortável em fazer, essa empresa descobriu que tal medida reduz o estresse e aumenta a criatividade e o desempenho de forma geral.

John Cleese, mais conhecido por seu papel na comédia britânica *Monthy Python*, disse uma vez: "Ter muita criatividade é responder a situações sem pensamento crítico... Se você quer funcionários criativos, dê tempo suficiente para eles brincarem".

> Se você quer ir mais depressa, pare de se concentrar na velocidade.
> Se quiser ser mais criativo, pare de medir a criatividade.
> De maneira paradoxal, quando uma organização se concentra demais em seus objetivos, é menos provável que os atinja.

Dica 23

A pressão do prazo acaba com a criatividade

Um grande amigo e colega de trabalho, Scott Halford, é uma autoridade em *neurobehaviorismo*. Ele usa um exercício simples, porém eficiente, que demonstra o impacto que a pressão do tempo pode ter sobre a criatividade.

Apesar de ser uma demonstração de como a pressão do prazo pode acabar com a criatividade, ela não é apresentada dessa forma para a plateia. É importante armá-la como se fosse um teste do que nosso cérebro é capaz de ouvir e processar. É isso que você deve dizer ao grupo:

> Vamos conduzir um experimento que irá testar a velocidade com que seu cérebro trabalha. Vou ler uma longa lista de números e quero que escrevam a maior quantidade que puderem. Vou falar bem rápido, então tentem acompanhar. A pessoa que escrever a maior quantidade de números *corretos* será o vencedor e vai ganhar um prêmio. Intercalado com os números haverá um comando para escrever

algo diferente. Para ter direito ao prêmio, você precisa escrever algo, qualquer coisa, para esses comandos. Ah, e com base na experiência com outros grupos, os homens tendem a escrever em média 10% a mais de números que as mulheres. E, por fim, vocês não têm a opção de não participar. Todo mundo tem que concorrer ao prêmio. Prontos?

A essa altura, pegue uma folha de papel. Você pode escrever os números antes se quiser. Mas é mais fácil inventá-los enquanto finge que lê uma folha de papel em branco. Então, de maneira rápida e firme, diga vinte números: 56, 789, 43, 2, 105, 456, 84 etc. Então, sem parar, diga "escreva a primeira cor que lhe vier à cabeça" e continue com outra lista de dez números. Então, novamente sem parar, diga "escreva a primeira peça de mobiliário que lhe vier à cabeça" e continue com uma lista de cerca de dez números. Então, sem parar, diga "escreva o nome do primeiro gênio que lhe vier à cabeça". Termine com mais alguns números e peça para as pessoas pararem de escrever.

Agora é tempo de ver os resultados. E não vamos nos concentrar nos números, mas nos outros comandos.

Peça a todos que fiquem de pé. Quem não escreveu uma cor, deve se sentar. A maioria das pessoas deve ficar de pé. Então, diga: "Se você escreveu azul, vermelho, verde ou amarelo, por favor, sente-se". Na maioria dos casos, grande parte das pessoas vai se sentar. Peça, então, que o restante diga quais foram as outras cores que escreveram. Mais de 90% dos membros da plateia escreve uma das quatro cores primárias, porque essas são as cores que conhecemos desde crianças.

A seguir, peça a todos que fiquem de pé novamente. Se alguém não escreveu uma peça de mobiliário, peça que se sente. Então, diga: "Se você escreveu poltrona, sofá, cadeira, mesa ou escrivaninha, por favor, sente-se". Nesse momento, a maioria das pessoas vai se sentar. Mais uma vez, essas são as peças de mobiliário mais comuns.

Finalmente, peça que todos fiquem de pé pela última vez. Se alguém não escreveu o nome de um gênio, peça que se sente. Então, diga: "Se você escreveu Einstein, por favor, sente-se". Nesse momento, quase todo mundo estará sentado.

A questão é a seguinte: quando pressionados pelo tempo, como nesse caso, muito pressionados pelo tempo, a criatividade é completamente eliminada. A novidade vai para o buraco. As pessoas se concentram em realizar o trabalho. O fato de esse exercício ser organizado como se fosse uma competição simula o que acontece em muitas organizações. A motivação extrínseca (o prêmio e o direito de se gabar) ofusca a criatividade. Claro, você não pediu para que as pessoas fossem criativas. Mas mesmo que tivesse pedido, sob essas circunstâncias, teria sido muito difícil para elas ser.

Continuando, agora peça às pessoas que pensem em uma cor que ninguém tenha escrito. Dê apenas alguns segundos a elas. Agora, se passar pela sala de um em um, descobrirá uma grande variedade de cores, normalmente de duas a dez cores a *mais* do que elas escreveram quando estavam sob pressão (dependendo do tamanho do grupo). Pedir às pessoas que sejam criativas e dar a elas um pouco de espaço para respirar faz maravilhas pelo aumento da criatividade.

Esse é um ótimo exemplo de como a pressão de prazos inacreditáveis ou o estresse extremo podem acabar com a criatividade. Nessas situações, os indivíduos escolhem automaticamente as respostas que foram programadas nos seus cérebros ao longo dos anos.

> Pedir às pessoas para que sejam criativas e dar a elas um pouco de espaço para respirar faz maravilhas pelo aumento da criatividade.

Dica 24

O fracasso é sempre uma opção

Um fabricante de roupas queria se aventurar no negócio de vendas diretas ao consumidor. Em vez de desenvolver uma estratégia detalhada baseada em análises, alugou um espaço vazio em um *shopping center* da cidade e montou uma loja teste em questão de semanas. A loja foi montada com câmeras de vídeo e outros equipamentos para ajudar a analisar os resultados. Apesar de o conceito da loja ter acabado dando errado, a empresa aprendeu mais durante os dois meses dessa experiência do que teria aprendido se gastasse um ano analisando o mercado. Ela rapidamente retrabalhou a loja e testou uma segunda versão, e então continuou o processo com repetições frequentes. Ao longo do tempo, aumentou o tamanho da experiência até suas lojas já terem se espalhado pelo país.

Adam Savage, um dos apresentadores de um programa de televisão norte-americano chamado *MythBusters* (caçadores de mitos), é famoso por dizer que "o fracasso é sempre uma opção. É o fundamento da nossa abordagem do método científico. Qualquer resultado é um resultado".

Essa é uma maneira profunda de olhar a inovação.

Quando você observa e analisa a vida – e a inovação – como uma série de experiências, o fracasso assume um significado completamente novo.

Redefina o fracasso

Umas das definições de uma experiência é: "um teste ou investigação, especialmente aquele planejado para fornecer evidências a favor ou contra uma hipótese".

A única maneira de uma experiência fracassar é se você não reunir as evidências apropriadas. Mesmo que as evidências provem que a sua hipótese estava errada, a experiência em si pode ser considerada um grande sucesso, porque irá economizar muito dinheiro a longo prazo. Quando você olha para a inovação pelas lentes da experimentação, isso redefine o fracasso. A dica 9 pode parecer denegrir o valor da experimentação. A verdade é que *alguém* precisa experimentar e fracassar. E a inovação aberta nem sempre é apropriada ou aplicável.

Portanto, na hora de desenvolver novos conceitos, uma abordagem (em especial quando um mercado incerto está envolvido no processo) é criar pequenas experiências que podem aumentar de escala e ser medidas ao longo do tempo. Estes são os quatros resultados prováveis de uma experiência:

1. Nossa hipótese é validada pela experiência. Vamos fazer um investimento maior em um experimento maior.
2. Nossa hipótese original está errada, mas descobrimos uma direção diferente que parece promissora. Vamos criar uma nova experiência com a nova hipótese.
3. Nossa hipótese original estava errada e devemos acabar com essa ideia.

4. Nossa experiência não nos forneceu dados suficientes para determinar se a hipótese estava correta ou não.

Desses quatro resultados, apenas o último é um fracasso. Com os outros três, a experiência foi um sucesso. Ela se torna uma maneira de avaliar se estamos no caminho certo e nos impede de continuar investindo na direção errada.

Desenvolva, experimente, conserte

Uma das maiores barreiras para o sucesso da inovação é a paralisia da análise. A crença de que estudar o mercado para sempre vai gerar melhores resultados não é verdade. Nunca poderemos prever o que vai acontecer no mundo "real", não importa a quantidade de dados que tivermos, quantos *focus groups* conduzamos ou quantas empresas de consultoria em estratégia contratemos.

Portanto, em vez de usar um modelo "analise, crie, desenvolva, experimente, utilize", use o modelo "desenvolva, experimente, conserte" – desenvolva algo, experimente por um tempo, e aprenda com suas experiências. Cada repetição fornecerá informações valiosas sobre o mundo real, não sobre o mundo das planilhas.

Trata-se de um processo simples e é o que foi usado pelo fabricante de roupas quando quis se aventurar no mercado varejista. Desenvolva uma pequena experiência na qual o risco associado ao fracasso é limitado ou controlável (desenvolva). Aprenda com os resultados (experimente). Ajuste a experiência (conserte). Continue a repetir experiências maiores, aumentando a escala. Mude de direção quando necessário. Pare de ir atrás de uma ideia quando a experiência sugerir falta de viabilidade ou de atrativos.

Experiências benfeitas focam suas energias nas oportunidades que estão prontas para o mercado, enquanto evitam investimentos desnecessários.

No entanto, às vezes, mesmo as experiências bem definidas podem dar um falso positivo. Isto é, a experiência lhe diz que um novo produto, serviço ou ideia é bom, mas no fim ele se mostra um fiasco total. Nessas situações, você tem um bom e velho fracasso nas mãos.

Claro, há maneiras produtivas de polir o fracasso. Um grande varejista, em sua busca pelo sucesso estrondoso, teve alguns fracassos colossais. Em vez de punir os envolvidos na aventura fracassada, ele comemorou. Promoveu um enorme funeral. Havia até um caixão no qual o projeto (não a equipe do projeto) foi enterrado.

Muitos anos atrás, a Intuit, empresa de contabilidade norte-americana, decidiu mirar na população mais jovem ligando o preenchimento de formulários de impostos ao *hip-hop*. Ela fez grandes investimentos de *marketing* e criou parcerias com empresas como Expedia e Best Buy. Mas, no final, seu esforço de *marketing* se mostrou malsucedido e o programa foi encerrado. Como a empresa lidou com o fracasso? Segundo a *BusinessWeek*: "A equipe que desenvolveu a campanha documentou seus *insights*, como o fato de que os jovens da geração Y não visitam *sites* que pareçam muito cheios de propagandas". Então, a certa altura, diante de cerca de duzentos marqueteiros da Intuit, a equipe recebeu um prêmio do presidente da empresa, Scott Cook, que dizia: "Só é um fracasso quando deixamos de aprender algo".

Você deve ser cuidadoso para não valorizar demais o fracasso. Os sucessos podem lhe dar resultados muito mais úteis a um preço bem mais baixo. Mas se fracassar, lide com o problema de cabeça erguida e aprenda com a experiência.

Uma organização que vive e respira essa filosofia é a Koch Industries, a segunda maior empresa de propriedade privada dos Estados Unidos, cuja receita anual é de aproximadamente 100 bilhões de dólares. Charles Koch, presidente e CEO da empresa, encoraja os funcionários a criar pequenas experiências que validem ou não hipóteses por meio de um processo internamente chamado de "descoberta experimental". Nas palavras de Koch: "Tendo em vista que a economia de mercado é um processo de descoberta experimental, os fracassos nos negócios são inevitáveis e qualquer tentativa de eliminá-los só vai garantir o fracasso de modo geral. O segredo é reconhecer quanto estamos experimentando e limitar a aposta de acordo... Encorajar a descoberta experimental e não penalizar as experiências bem planejadas que fracassam alimenta um mecanismo de pequenas apostas frequentes que gera descobertas e aprendizados poderosos. Isso é vital para a inovação, o crescimento, e a rentabilidade a longo prazo".

Crie experiências que minimizem os riscos e ofereçam *insights* para o conceito de viabilidade. Aprenda com essas experiências e, ao mesmo tempo, evite analisar demais. Como um colega da inovação, Ville Keränen, me disse certa vez: "Um idiota ainda vai mais longe do que cinco intelectuais que só falam".

> "O fracasso é *sempre* uma opção.
> É o fundamento da nossa
> abordagem do método científico.
> Qualquer resultado é um resultado."
> – Adam Savage.

Dica 25

Veja o mundo com outros olhos

Seja sincero. Há algo que você gostaria de mudar em si? Talvez se ache pouco atraente, acima do peso, pouco inteligente ou azarado. Seja lá o que for, quando você olha o mundo com esses olhos, é assim que ele será para você. Não importa quais evidências em contrário receba, porque ainda assim você irá refutá-las de maneira habilidosa. Se você se considera pouco atraente e alguém lhe fizer um elogio, vai achar que essa pessoa deseja algo, ou tem pena de você, ou que há alguma coisa errada com ela. Procuramos e ouvimos apenas as evidências que apoiam as nossas crenças. Os psicólogos chamam isso de "tendência de confirmação".

O mesmo vale para a inovação. Quando você olha para o mundo com os olhos de que a sua ideia nova é boa, apenas verá evidências que apoiam sua conclusão, enquanto ignora de maneira inconsciente todos os pontos em contrário. Nesse processo, é possível que você faça investimentos em inovações ruins.

Tendência de confirmação

A tendência de confirmação é uma das razões pelas quais indivíduos que representam lados diferentes de um argumento (incluindo políticos) sinceramente sentem que têm argumentos melhores. É natural se concentrar nas qualidades do nosso lado e nas fraquezas do outro.

Esse conceito é importante para o processo de inovação e o modo como você mede suas estratégias, capacidades, sucessos e fracassos quando se trata de inovação.

Sempre que tiver uma ideia, faz parte da natureza humana procurar por todos os dados que apoiem sua crença. Você quer provar que o seu conceito está certo e continua a montar o caso de maneira a apoiar sua crença. Mas, nesse processo, você pode estar ignorando todos os sinais que provam que a sua teoria está errada. Isso pode ter consequências negativas para a organização. Quando acredita que sua ideia é boa, é difícil que alguém consiga lhe provar que você está errado.

Scott Cook, CEO da Intuit, certa vez disse com sabedoria: "Para cada um dos nossos fracassos, temos planilhas que pareciam incríveis".

Para a maioria dos seus fracassos, provavelmente você tinha um monte de evidências que mostravam que elas eram ótimas. No entanto, também havia várias evidências que não apoiavam suas ideias; você apenas nunca procurou por elas.

Enquanto você desenvolve conceitos novos e mede sua eficiência, lembre-se de procurar por dados contrários. Encontre todas as evidências que refutam suas crenças e hipóteses. Esse é o primeiro passo para eliminar a tendência de confirmação.

Os pesquisadores Martin A. Talcoot e F. Freeman Marvin propuseram um cenário de guerra para experientes analistas de inteligência do exército americano. Eles foram solicitados a determinar a via de aproximação mais provável que o inimigo usaria e a dizer o nível de confiança que tinham em relação à sua análise. Depois, receberam três relatórios de inteligência atualizados, cada um contendo alguns itens que apoiavam suas ideias e outros que provavam que elas estavam erradas. Eles então foram solicitados a classificar cada item de informação no que dizia respeito ao grau em que cada um apoiava ou contradizia suas hipóteses.

Os pesquisadores descobriram que os analistas se atinham à sua hipótese inicial. Mesmo que houvesse evidências significativas que provassem que suas teorias estavam erradas, as informações novas de alguma maneira aumentavam seu nível de confiança.

Tolcott e Marvin refizeram o teste com os mesmos participantes. Mas antes, mostraram a eles o impacto da tendência de confirmação na sua tomada de decisão na primeira rodada. Durante a segunda tentativa, os participantes receberam lembretes visuais criados para ajudar a promover sua consciência sobre a existência de hipóteses alternativas. O resultado? Em geral, houve um "nível de confiança mais baixo, ações alternativas dos inimigos foram mais levadas em consideração, e houve maior disposição para reverter as primeiras decisões a partir das novas evidências". Na verdade, na segunda tentativa, 50% das equipes participantes mudaram suas hipóteses pelo menos uma vez.

Faz parte da nossa natureza humana acreditar no que queremos acreditar. Quando colocamos uma ideia na cabeça, concentramos nossas energias de maneira inconsciente para provar que nossa crença está correta. Mas estar certo pode ser o inimigo da boa inovação. Como um inovador, não se apegue demais às suas ideias. Seja o advogado do diabo de maneira proativa e procure dados contrários, que irão ajudá-lo a comparar suas inovações com as alternativas, e dê a esses dados o mesmo ou maior peso. Isso permitirá tomar decisões melhores sobre quais inovações perseguir e quais abandonar.

> Como um inovador, não se apegue demais às suas ideias.
> Estar certo pode ser o inimigo da boa inovação.

PESSOAS

Organização, liderança e cultura

Sua organização é um culto? Em outras palavras, sua cultura é tão forte que encoraja qualquer um a pensar do mesmo jeito? Talvez esteja na hora de contratar pessoas que não se encaixam no molde. Na verdade, talvez seja o momento de virar a sua empresa de cabeça para baixo. Abra mão do controle centralizado e adote a inovação em todos os cantos. A inovação é para as pessoas e feita por elas. Quando você começar a tratar seus funcionários como donos do negócio, descobrirá que eles tomarão a iniciativa para inovar.

Dica 26

Contrate pessoas de quem você não gosta

Lembro-me de um projeto no qual trabalhei muitos anos atrás. Estava liderando uma equipe grande e tinha um orçamento generoso. Escolhi John para liderar comigo porque nos dávamos muito bem. Sou uma pessoa criativa, espontânea e entusiasmada, e John era mais ou menos assim. A equipe adorava trabalhar com a gente. Éramos divertidos, contagiantes e motivadores.

O projeto foi um fracasso colossal e um grande desperdício de dinheiro.

O problema era que John e eu nos atrapalhamos com a novidade do nosso trabalho. Estávamos concentrados demais em desenvolver novas ideias e garantir que as pessoas ficassem felizes. Nunca conseguimos fazer com que o trabalho fosse realmente feito.

Olhando para trás, esse fracasso provavelmente poderia ter sido previsto. Nossos estilos de trabalho eram simplesmente parecidos demais.

Na verdade, se você observar qualquer grupo de pessoas que trabalham juntas com facilidade, há grandes chances de que elas tenham muito em comum. Talvez tenham formações, experiências, interesses e personalidades parecidas. Nada mais natural.

O motivo? Ao contrário do conhecimento popular, os opostos *não* se atraem.

Apesar de os indivíduos diferentes de você poderem parecer interessantes a princípio, a longo prazo, essas diferenças invariavelmente os separarão. Esse é um fato cientificamente comprovado. Se os opostos se atraíssem, nosso sistema político não seria a confusão que é e teríamos políticos de direita e de esquerda se abraçando e elogiando uns aos outros.

Na verdade, os opostos não se atraem. Eles se repelem.

Quais são as implicações disso para o sucesso dos negócios?

Pense nas pessoas que o cercam no trabalho. Elas são como você? Pensam da mesma maneira? Têm os mesmos interesses, habilidades e talentos? Provavelmente.

Como consequência, a falta de diversidade nas equipes é o padrão.

Esse desejo por semelhança apresenta vantagens inerentes. Quando as pessoas pensam, agem e falam da mesma maneira, e usam a mesma linguagem, as coisas são feitas mais depressa.

Mas, no final das contas, isso é bom para os negócios?

Para responder a essa questão, vamos analisar a pesquisa feita por Clint Bowers e dois de seus colegas da University of Central Florida. Eles estudaram, por meio da combinação dos resultados de treze estudos que envolviam quinhentas equipes, como a homogeneidade de personalidades em grupos de trabalho afeta o desempenho.

À primeira vista, não havia muita diferença no desempenho de equipes diversificadas em comparação com equipes homogêneas. Mas essa não era toda a história. O tipo de tarefa que as equipes tinham de executar tinha um impacto significativo no seu desempenho.

Bowers e seus colegas foram além e separaram as tarefas "pouco difíceis" das "muito difíceis" com base no quanto de incerteza, complexidade e demanda de processamento de alto nível elas envolviam.

Para tarefas relativamente simples, as equipes homogêneas tinham um desempenho mais eficiente e mais consistente que as heterogêneas. Quando você está cercado por um bando de homens e mulheres que diz sim, rapidamente se chega a um consenso e as coisas são feitas.

No entanto, de acordo com Bowers e sua equipe, em situações que envolviam tarefas mais difíceis, os grupos diversificados tiveram um desempenho mais eficiente e consistente. Isto é, pessoas que pensavam diferente podiam inovar melhor como equipe.

Se pararmos para pensar, isso faz sentido. Desenvolver algo novo exige uma variedade de pensamentos novos. A inovação exige perspectivas, disciplinas e personalidades diversas. Ter um grupo de pessoas que pensa da mesma maneira só vai resultar em mais do mesmo. Ter pessoas que se dão bem em sua equipe parece mais fácil, mas raramente vai levar a ideias novas.

Então, é necessário pensar neste mantra: "A pessoa de quem você menos gosta é aquela de quem mais precisa".

Alguém que é diferente de você muitas vezes parece chato. Mas pense que essa pessoa lhe complementa. Ela tem habilidades e perspectivas que poderiam lhe oferecer equilíbrio e ajudá-lo a se tornar mais eficiente e inovador. Ela irá desafiá-lo, o que é um fator crucial para o sucesso dos negócios.

Se você só contratar pessoas que se encaixam no modelo, é muito provável que vocês atinjam um patamar de crescimento em algum ponto. Se estiver buscando criar uma cultura de inovação dentro da sua empresa, faça um inventário do seu atual portfólio de pessoas. Há uma combinação diversificada de estilos de personalidade e perspectivas? Ou uma coleção de profissionais com mentalidade parecida que acabarão limitando o escopo das suas habilidades de inovação?

Se o seu negócio é criativo por natureza (por exemplo, *branding* ou publicidade), contrate indivíduos com talento para planejar e administrar. Se ele é operacional por natureza (por exemplo, indústria), tenha pessoas que se concentram em inovar e crescer.

As pessoas irão naturalmente gravitar em direção aos papéis que se encaixam em seu estilo de personalidade. Observe de maneira ampla toda a sua organização. Existem estilos variados por toda a parte, mas que estão armazenados em áreas funcionais diferentes? Seu departamento de recursos humanos está repleto de comunicadores compreensivos? Seu departamento de pesquisa e desenvolvimento está cheio de indivíduos analíticos e exatos? Encontre maneiras de fazer uma polinização cruzada entre esses grupos para incutir a inovação em todos os níveis.

Além disso, pense em contratar em pares. Quando eu estava na Nissan Design International, Jerry Hirshberg contratava uma pessoa criativa junto com alguém que era mais analítico. Isso ajudou a garantir a diversidade da equipe e a fazer surgir soluções criativas únicas para os problemas mais urgentes da empresa.

A diversidade da equipe é extremamente importante, mesmo fora dos níveis de liderança. Quando Sigal Barsade e seus colegas da Wharton School, da Universidade da Pensilvânia, estudaram equipes de executivos de alto escalão em grandes corporações nos Estados Unidos, descobriram que quanto mais diversificados eram os papéis funcionais dos membros das equipes, maior era o retorno médio e financeiramente adequado ao mercado dessas empresas.

A criatividade e a inovação surgem a partir da tensão, dando origem a pontos de vista diferentes e a maneiras alternativas de solucionar problemas. Isso não acontece de forma natural, e, se você quiser se diferenciar da concorrência, pense em diferenciar sua perspectiva cercando-se de pessoas que pensam de um jeito diferente do seu.

Veja o apêndice B para um teste de personalidade simples que o ajudará a identificar a pessoa certa para a sua equipe de inovação.

> A pessoa de quem você menos gosta é aquela de quem mais precisa.

Dica 27

Por que as pirâmides são uma das sete maravilhas do mundo?

A maioria das empresas começa seus esforços de inovação criando uma nova função corporativa responsável por atingir a inovação. Essas funções são realizadas por funcionários que foram remanejados e destinados a essa nova organização dentro da empresa. Na maioria dos casos, isso é uma completa perda de dinheiro e de tempo. Esse modelo mantém a inovação separada do restante do negócio, e não há envolvimento das pessoas que tomam as decisões importantes. Além disso, os esforços de inovação não têm envolvimento com as reais necessidades do negócio.

Reconhecendo esse dilema comum, a USAA, empresa norte-americana de prestação de serviços financeiros, com mais 22.600 funcionários, usou uma abordagem completamente diferente.

Na USAA, a inovação começa no nível da liderança. A liderança dá o tom para o resto da organização e é uma grande defensora do pensamento inovador.

Depois, a USAA criou uma "equipe central", composta por 35 indivíduos, que dedicam 100% do seu tempo à inovação. No entanto, aqui o truque é o seguinte: apenas dez desses indivíduos respondem diretamente à liderança de inovação. Os outros 25 indivíduos "matrizados" passam apenas parte do seu tempo em atividades relacionadas à inovação, mas com um foco em necessidades de inovação específicas para a sua linha de negócios.

O que a USAA percebeu é que 35 pessoas poderiam não mudar a cultura de uma organização composta por 22.600 pessoas. Portanto, além da equipe central, criou uma rede de duzentos conselheiros de inovação e cada um deles gasta 10% do seu tempo em esforços de inovação, trabalhando junto com a equipe central. Além disso, há dez campeões da inovação, que são os líderes que servem como defensores poderosos da inovação e ajudam a superar qualquer desafio que possa surgir.

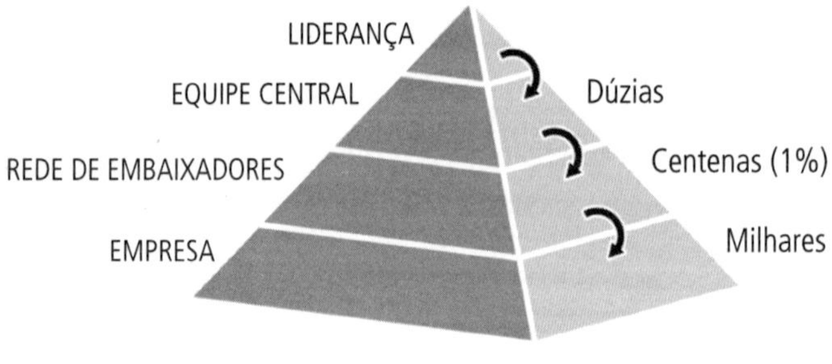

Como você pode usar esse mesmo método para acelerar seus esforços de inovação?

Primeiro, tenha certeza de que sua equipe de liderança vai embarcar nessa, pois eles ditarão o tom, demonstrarão grande apoio executivo e ajudarão a desafiar o *status quo*.

Claro, sua liderança não pode criar uma cultura de inovação sozinha, ela tem muitas outras responsabilidades. Por isso, a maioria das organizações determina que alguém será o líder de inovação em tempo integral, cujo papel é ajudar a pastorear o processo de inovação. Os líderes de inovação são diferentes dos outros líderes dentro da organização porque não têm autoridade direta sobre os que fazem a inovação se tornar realidade. Em última instância, todo mundo na empresa desempenha um papel importante na motivação da inovação. O líder de inovação é mais um mentor e um negociador do que um chefe ou realizador de tarefas. Sua habilidade de influenciar e vender o valor da inovação e suas práticas são primordiais para o seu sucesso e o da organização.

A seguir, crie uma equipe central de inovação (às vezes chamada de centro de excelência), um pequeno e seleto grupo de pessoas dedicadas a motivar a inovação em cada canto da organização. Em empresas menores constituídas de poucas filiais e linhas de negócios, isso pode ser realmente um grupo central. Mas em organizações maiores e mais espalhadas geograficamente, a estratégia da matriz é preferível, pois atende às complexidades associadas às diferenças geográficas, de produtos e de clientes.

Essa equipe central tem muitas responsabilidades, algumas das quais têm a ver com o básico: despertar a consciência, montar a infraestrutura necessária, escolher as ferramentas, criar material e métodos de treinamento, e desenvolver um processo de administração da linha de inovação. Mas existe um papel mais valioso, que é servir como os olhos e os ouvidos dos seus esforços de inovação, fornecendo *insights* para necessidades específicas de seus departamentos, funcionários, clientes, distribuidores e outros interessados. Eles servem como defensores e mentores da inovação, trazendo-a para as massas. Normalmente, são os responsáveis pelo desenvolvimento e pela entrega do treinamento inovador/criativo. Também promovem sessões de *brainstorming* para diversos departamentos. E desempenham um papel importante na identificação e condução dos desafios que podem existir dentro da empresa. Em resumo, são a linha de frente quando a inovação é necessária.

Mas nenhuma equipe central sozinha pode fazer com que a inovação penetre por toda a parte. O próximo passo é reunir sua rede de embaixadores. Apesar de esses indivíduos serem destacados para as linhas de negócios, eles precisam ser apaixonados por inovação. Com frequência, essas pessoas podem dedicar até

6 horas por semana (15% de seu tempo) a atividades de inovação. Isso ajuda a espalhar a mensagem da inovação ainda mais fundo dentro da empresa. Como esses indivíduos desempenham um papel tão importante, a contribuição para a inovação deveria ser um de seus medidores de desempenho.

Que tamanho uma rede de embaixadores deve ter? De acordo com estudos conduzidos pelo cientista Robin Dubar, os indivíduos têm a capacidade de manter relacionamentos estáveis com cerca de 150 pessoas. Se usarmos essa capacidade como base para determinar a esfera máxima de influência, ter uma pessoa em sua rede para cada 150 pessoas que você queria atingir (ou 0,07%) seria apropriado, mas 1% é uma boa medida. Na USAA, entre a equipe central e os conselheiros de inovação, quase 1% da organização está representada.

Na USAA, essa abordagem funcionou incrivelmente bem. Em apenas um ano, a empresa atingiu 84% de participação dos funcionários e executou cerca de cem soluções sugeridas por eles. No final, quais foram os resultados? A taxa de retorno foi dez vezes maior para a USAA e trinta vezes maior para os membros da empresa. A USAA é diferente das outras organizações com acionistas porque seu objetivo e sua motivação principais são cuidar dos seus membros – membros dos serviços militares, na ativa ou aposentados, e suas famílias.

Esses resultados são impressionantes. Siga o exemplo da USAA e incorpore a inovação em toda a organização.

As pirâmides egípcias funcionaram tão bem porque a maior parte do peso estava perto do chão, tornando essas estruturas mais estáveis. Da mesma forma, a abordagem da pirâmide para a inovação será a fundação dos seus esforços de inovação e atenderá às necessidades do negócio e de seus clientes.

Todo mundo na empresa desempenha um papel na motivação da inovação.

Dica 28

Deixe a filosofia "de cima para baixo" para os conversíveis

Charles Koch, CEO da Koch Industries, uma das empresas mais bem-sucedidas do mundo, acredita que o controle central é um "conceito fatal" para as organizações. Ao longo dos últimos cinquenta anos, Koch tem se afastado gradualmente do estilo de administração de comando e controle. Em vez disso, pede para os funcionários administrarem os negócios como se fossem os donos. Quando alguém é trazido especialmente para fazer um trabalho, ele ou ela recebe de imediato a autoridade para gastar dinheiro e mover as pessoas quando e para onde quiser. A tomada de decisão é descentralizada o máximo possível para os que possuem o melhor conhecimento e informações locais. Essa abordagem deve estar funcionando, já que a Koch Industries cresceu mais de 2.200 vezes desde 1960 e superou os índices ponderados de mercado do S&P 500 em cerca de 3.200%.

A Koch Industries está envolvida em muitos negócios arriscados, como asfalto, papel, polpa, petróleo e gás. Assim, muitos anos atrás, não satisfeita com a taxa média de acidentes no setor, ela se propôs a ficar entre as dez melhores. Em vez de ter alguns poucos engenheiros de segurança vasculhando a empresa atrás de condições inseguras, ela fez com que a segurança se tornasse responsabilidade de todos os funcionários. Eles recebiam prêmios tanto por revelar condições inseguras como por descobrir novas maneiras de conduzir os negócios de maneira mais segura. Essa iniciativa resultou em 35% a 50% de melhorias por ano no número e na gravidade dos acidentes em toda a empresa. Em apenas um ano, a empresa saiu do meio da manada para um dos melhores índices de segurança em sua área de atuação.

Esse exemplo simples ilustra o valor de passar a tomada de decisão de cima para baixo, para os indivíduos que têm as melhores informações e habilidade de execução. Uma maneira de fazer a sua organização mais inovadora é garantir que ela esteja estruturada de modo a evitar o controle central. Na verdade, esse conceito de empurrar as decisões para os níveis mais baixos da empresa está na moda no momento.

Uma organização que está tentando espalhar esse modelo de negócio ao redor do mundo é a WorldBlu. Traci Fenton, sócia e fundadora, chama isso de "democracia organizacional". Mas diferentemente da maioria das democracias tradicionais, que evocam pensamentos de políticos, burocratas e uma mentalidade de que a maioria governa, a democracia organizacional tem a ver com dar voz aos funcionários; com criar boas condições de aprendizado, motivação, autodirecionamento e participação.

A cada ano, Fenton publica sua "WorldBlu List of Most Democratic Workplaces" (Lista da WorldBlue de Ambientes de Trabalho mais Democráticos) no *The New York Times*. Nela você vai encontrar alguns exemplos interessantes de democracia em ação.

Na GE/Durham, que monta motores de avião, quase todas as decisões são tomadas pelas equipes por consenso. A Whole Foods costumar usar um livro aberto, que lista pelo nome os salários e bônus de anos anteriores de todos os funcionários. A Semco permite que os funcionários escolham seus chefes e quanto eles devem ganhar. A W. L. Gore, fabricante de diversos produtos a base de fluoropolímeros, tem o que é chamado de abordagem em "treliça chapada" em vez de níveis de hierarquia, para que não haja uma cadeia de comando e os funcionários tenham ligações diretas com quem precisarem.

Outro exemplo que Fenton compartilha vem da empresa DaVita, do Colorado, Estados Unidos. Com mais de 32 mil funcionários, essa empresa fornece tratamentos de diálise para pacientes que sofrem de doenças renais crônicas. Mas, em 1999, estava à beira da falência. O novo CEO, Kent Thiry, decidiu que era necessário fazer grandes mudanças. Como ele fez isso? Em vez de centralizar o controle na capital, em Denver, a administração fez a escolha radical de descentralizar o poder para as 1.500 clínicas da empresa espalhadas pelo país. Ao oferecer um conjunto claro de parâmetros e dar liberdade para cada clínica ser seu próprio patrão dentro desses limites, Thiry passou uma mensagem de confiança e respeito para todos os funcionários. As decisões são tomadas por consenso ou por maioria. Cada decisão não precisa passar por toda a empresa. Em vez disso, quem tem as melhores informações para tomar as decisões deve fazê-lo (e normalmente isso não inclui as pessoas no topo). A cada trimestre, cada um dos membros da DaVita é convidado a participar de um encontro "Voz da Cidade" com o CEO e a equipe de liderança sênior. Tal encontro permite aos funcionários compartilhar informações sobre o estado da empresa e lidar com qualquer preocupação.

O resultado desses esforços? O retorno das operações aumentou de 1,45 bilhão de dólares em 1999 para 6,1 bilhões em 2009, e, no ano seguinte, a DaVita entrou na lista das quatrocentas maiores empresas publicada pela revista *Fortune*.

Nem sempre a inovação tem a ver com novos produtos ou serviços. Pelo contrário, ela pode ser usada para ajudar a remodelar seu negócio. A inovação vai emergir de maneira orgânica assim que você começar a tratar seus funcionários como donos do negócio. Apesar de parecer mais seguro controlar todas as decisões, talvez você simplesmente saia do controle.

Apesar de parecer mais seguro controlar todas as decisões,
talvez você simplesmente saia do controle.

Dica 29

Use o modelo dos *reality shows*

A Quill Corporation (uma subsidiária da Staples), especializada em suprimentos para escritório, usou uma abordagem criativa para introduzir a inovação motivada pelo desafio em sua organização. Usando o modelo do *reality show* O *aprendiz*, a empresa lançou uma competição interna chamada "O Quillionário", na qual três equipes de oito pessoas competiam entre si a cada mês. Essas equipes se dedicavam a resolver desafios específicos da empresa, e tal abordagem encorajou a colaboração dentro das equipes, mas foi feita para criar uma competitividade amigável.

Depois de um mês, cada equipe apresentava suas soluções para uma banca de jurados composta por quatro executivos. O papel dos jurados era encorajar os participantes enquanto ainda questionavam suas soluções. As equipes desenvolveram soluções criativas – algumas das quais foram postas em prática. Todos se divertiram e o vencedor de cada mês jantava com o presidente em um restaurante de sua escolha.

Além de ser divertido, porque as competições eram organizadas em torno de um desafio específico, elas serviam de catalisadoras para colocar em prática iniciativas maiores motivadas pelo desafio dentro da organização. As competições também eram registradas em vídeo diante de uma plateia e usadas no *marketing* interno.

Esse é um exemplo de como um *reality show* pode ser usado para ajudar a motivar a inovação. Essas competições são diferentes dos "torneios" discutidos na dica 10. São feitas com funcionários e têm muito mais a ver com fazer barulho e estimular o interesse pela inovação do que com encontrar soluções específicas. Um dos efeitos colaterais benéficos desse tipo de competição é que elas tiram a pressão de agir do jeito certo e criam um pouco de diversão no ambiente de trabalho. Como consequência, você pode descobrir soluções fora do comum.

Dado o sucesso do "Quillionário", muitos anos depois, como parte de seus contínuos esforços para a inovação, a Quill reintroduziu conceito semelhante a um *reality show* ao lançar o concurso "O GRANDE Vencedor". Um total de 220 indivíduos apresentaram 139 ideias, que foram julgadas por uma banca de executivos da Quill. Eles analisaram as ideias dos funcionários em um processo de duas etapas, começando com um artigo e passando para um sumário executivo detalhado junto com apresentações visuais. As ideias eram julgadas a partir de sua proposta de valor, vantagem competitiva, viabilidade e risco, potencial e recursos de *marketing*, e originalidade do conceito.

Apesar de isso ser mais parecido com a abordagem do *American Idol*, a competição teve como resultado uma funcionária júnior delineando um programa que tinha o potencial de criar um fluxo de receita de 9 milhões de dólares para a Quill, valor considerável para uma empresa de 1 bilhão de dólares. A fim de garantir o sucesso da solução, a empresa promoveu a funcionária e um vice-presidente foi escolhido como seu mentor enquanto ela trabalhava para que a ideia fosse colada em prática.

Nesses dois exemplos, uma banca seleta de executivos determinava os ganhadores. Em outro, os pares dos competidores tomavam a decisão final. Uma empresa de eletrônicos muito conhecida promove uma feira todos os anos. Uma sala enorme é montada com centenas de barracas e todos os funcionários são encorajados a ter as próprias barracas para apresentar ideias novas. E essas ideias podem ser sobre tudo – não apenas a respeito do departamento do funcionário. No final, os funcionários votam nos ganhadores. Essa competição tem muito mais a ver com orgulho do que com os prêmios. Ser escolhido por um grupo de pares é uma grande honra.

Apesar de essa feira ser uma abordagem parecida com a de usar a motivação pela ideia, ela exige que todo mundo despenda algum tempo e se esforce para criar um conceito e um protótipo físico. Isso exige que o desenvolvedor pense mais profundamente sobre o conceito e muitas vezes leva a melhores resultados. Apesar de as pessoas precisarem dedicar seu tempo para produzir ideias que possam ser vendidas, elas ficam felizes ao fazê-lo porque isso tira vantagem de suas verdadeiras paixões. Como resultado, demonstra um comprometimento maior para o sucesso da ideia e também encoraja um processo mais envolvente do que as simples caixas de sugestões virtuais.

O aprendiz, *O grande perdedor* e *American Idol*. Não importa o programa, a questão é identificar maneiras de criar divertimento, competitividade e participação dos pares, e não fazer com que sua organização se concentre em desafios específicos e significativos. Quando você promove competições como essas, todos saem ganhando.

> Essas competições têm muito mais a ver com fazer barulho e estimular o interesse pela inovação do que com encontrar soluções específicas.

Dica 30

Faça com que seus especialistas executem o trabalho especializado

No começo da minha carreira, trabalhei para um grande fabricante de computadores. Em média, trabalhava 50 horas por semana. Minha supervisora direta trabalhava 60 horas por semana. A vida era boa, até que ela foi demitida e eu herdei o seu trabalho. Diante do fato de que teria de trabalhar 110 horas por semana, decidi analisar bem o que estava fazendo. O que descobri é o que muitas organizações descobririam se gastassem tempo fazendo o mesmo tipo de análise. Apenas uma pequena porcentagem do tempo dos funcionários é gasto com trabalho realmente valioso.

O tempo é uma *commodity* preciosa dentro das organizações. Quase não há horas suficientes em um dia para fazer o seu trabalho comum, o que dirá inovar em paralelo. Como você acha tempo quando não tem nenhum? O segredo para achar tempo é eliminar o desnecessário. Apesar de isso parecer óbvio, raramente é feito na maioria das organizações.

Ao longo de um fim de semana, analisei todas as atividades que esperavam que eu desempenhasse. Eu esperava diminuir meu trabalho de 110 horas para 50 horas (ou menos). Veja o que encontrei.

Apenas 20% do meu tempo tinha grande valor agregado. E havia os itens de alta prioridade que ainda precisava desempenhar.

Muitas atividades não agregam valor. Apesar de tê-las executado no passado, elas não eram mais necessárias. Assim, deixei-as de lado imediatamente, e ninguém pareceu notar.

Várias atividades eram na verdade responsabilidade de outro departamento ou indivíduo. Portanto, trabalhei para que fossem designadas às partes corretas. Isso não apenas diminuiu minha carga de trabalho, mas também reduziu o tempo total gasto em toda a empresa. É muito mais eficiente que a pessoa certa faça o trabalho certo.

Além disso, um grande número de atividades transacionais era feito manualmente e candidato à automação. Nenhuma dessas atividades era especialmente complicada. Portanto, escrevi programas de computador simples, em questão de horas, que automatizavam esses processos.

Depois de apenas dois dias de análises e trabalho, consegui diminuir minha carga de trabalho de 110 horas para 20 horas. Mas a questão não era só diminuir minha carga de trabalho: eu queria ter certeza de que eu e outras pessoas poderíamos focar nossas energias em atividades que teriam um impacto maior.

Uma maneira de achar tempo é fazer com que seus especialistas executem o trabalho especializado. Por exemplo, pense em um recurso valioso na maioria das organizações: o representante de vendas. Em média (de acordo com os meus estudos), esses funcionários valiosos gastam espantosos cerca de 20% a 35% do seu tempo cara a cara com os clientes. O resto é gasto viajando, preenchendo formulários e participando de reuniões. Esse é um exemplo de especialistas gastando pouco do seu tempo executando trabalho especializado. Imagine se você aumentar o nível de trabalho especializado de 25% para 50%! Resumindo, você estaria dobrando sua força de trabalho sem contratar uma pessoa sequer.

Outro exemplo particularmente ruim vem de uma empresa de alimentos. Gerentes de marca, especialmente importantes para o negócio de alimentos, estavam gastando menos de 30% do seu tempo gerenciando as marcas, enquanto o resto do seu tempo era destinado a administração, reuniões e burocracia.

Um dos segredos para ajudar os especialistas a se concentrar em tarefas de alto valor é repassar tarefas transacionais, repetitivas e administrativas para outros (sejam eles clientes, vendedores, computadores ou empresas terceirizadas). O maior valor da tecnologia e da terceirização é sua habilidade de alavancar os ativos de uma organização e permitir que as pessoas executem mais trabalho de valor.

Em outro exemplo, no departamento de serviços sociais do condado de Merced, no estado norte-americano da Califórnia, a maioria dos funcionários é assistente social. Mesmo assim, no passado, eles gastavam quase nada do seu tempo em trabalhos sociais. Ficavam ocupados com tarefas administrativas, como dar entrada em formulários de pedidos e procurar registros manualmente. Agora, sistemas novos ajudam a automatizar essas tarefas, liberando os assistentes sociais para executar o trabalho para o qual foram contratados. Por conta disso, sua habilidade geral de prestar serviços aumentou de maneira significativa.

Estas são algumas estratégias simples para achar mais tempo no seu dia:

- Seu trabalho não tem valor agregado? Pare de fazê-lo!
- Que trabalho você faz que outros *deveriam* fazer? Redistribua esse trabalho entre as pessoas apropriadas, uma vez que elas têm melhores habilidades e autoridade. Isso irá ajudar o trabalho a ser realizado de maneira mais eficiente.

- Que trabalho você executa que outros *podem* executar? Se você é um especialista, delegue ou terceirize suas atividades menos importantes. Isso irá liberar seu tempo para se concentrar no que mais importa.
- Que trabalho pode ser automatizado? Compre *softwares* para ajudá-lo a acelerar as coisas, ou encontre alguém que possa elaborar uma solução customizada para você.

A inovação é reconhecida pela maioria das empresas como um requisito básico para garantir a sustentabilidade do negócio. Por mais que isso soe batido, é tempo de "trabalhar de maneira mais inteligente, não de trabalhar mais". Concentre suas energias nos itens realmente valiosos e que o diferenciam da concorrência. Então elimine, automatize ou delegue o restante.

> Uma maneira de achar tempo é fazer com que seus especialistas executem o trabalho especializado.

CRIATIVIDADE

Técnicas para estimular o pensamento criativo

A inovação é um processo de ponta a ponta. Gerar soluções é um dos passos nesse processo que exige pensamento criativo. Para tornar a inovação realidade, você precisa de funcionários que pensem diferente. Esta seção contém diversas dicas e técnicas que podem aumentar seu potencial criativo.

Dica 31

Encoraje os funcionários a subir no próprio caixote

Morei em Londres por vários anos e adorava visitar o Speaker's Corner (Esquina do Orador, em inglês) do Hyde Park aos domingos. Nessa esquina, as pessoas podem falar sobre qualquer assunto, normalmente política, religião, teorias conspiratórias ou abduções alienígenas. Os indivíduos mais convincentes arrastam uma multidão. As pessoas menos interessantes normalmente terminam levando seu caixote para casa no final do dia.

Trata-se de um mercado livre em ação. Os melhores oradores, de acordo com os ouvintes, crescem, enquanto os outros desaparecem. Ao assistir a isso, percebi que o conceito do Spearker's Corner poderia ser uma técnica útil para motivar novos pensamentos.

Pense sobre sua típica sessão de *brainstorming*. Normalmente há uma pessoa facilitando a conversa. Para superar a natureza improdutiva dessas conversas, alguns grupos se dividem em grupos menores. O problema com essa abordagem é que ela não permite a polinização cruzada de ideias, porque as pessoas ficam confinadas em mesas ou salas diferentes.

Para combater esses problemas, tente simular a abordagem do Speaker's Corner. Em vez de uma conversa, existem muitas. Em vez de haver um líder decidindo o que será discutido, todos determinam o que é importante, e as pessoas podem participar de diversas conversas.

Funciona assim:

- Levante (durante a reunião ou com antecedência) uma lista de tópicos que são do interesse dos indivíduos na sala. Podem ser baseados nas preferências de cada um ou em uma lista predefinida de desafios ou soluções importantes para a empresa.
- Enxugue a lista, limitando-a a algumas poucas questões críticas. O número ideal é um tópico para cada oito pessoas. Apenas como exemplo, digamos que haja trinta pessoas participando; você terá, portanto, quatro tópicos/esquinas.
- Chame voluntários – um para cada tópico/esquina – que concordem em facilitar aquela conversa específica. Cada facilitador vai para uma esquina diferente com um *flip chart* para anotar as conversas associadas ao tópico.
- Os participantes da reunião podem passear livremente de esquina em esquina como preferirem. A única regra é que todos devem dar ou receber valor em cada esquina. Se não, eles devem ir para uma esquina diferente ou criar a própria.
- Qualquer pessoa, em qualquer momento, pode criar uma esquina diferente sobre qualquer tópico. O tópico novo pode fazer parte da lista, pode ser a extensão de uma esquina já existente, ou pode ser um tópico completamente novo.
- Se o líder de uma esquina quiser participar de outra discussão, pode recrutar um novo líder para dar prosseguimento ao seu tópico.

Você irá descobrir que os tópicos mais importantes, com o maior nível de energia, atraem mais gente. Os tópicos que não atraem uma multidão apodrecem no pé (assim como no Hyde Park – é hora de pegar seu caixote e encerrar o dia). Em 1 hora, é possível captar mais ideias do que em um dia cheio de reuniões, e cada tópico se beneficia da polinização cruzada de ideias entre todos os participantes.

Por exemplo, antes de uma sessão de Speaker's Corner com cinquenta participantes, um cliente conduziu uma pesquisa para determinar as questões e preocupações mais urgentes dos funcionários. Com base nas respostas, ele escolheu os seis tópicos mais populares. Durante o evento, quando as pessoas tiveram a oportunidade de escolher para qual esquina ir, mais de trinta quiseram falar sobre a produtividade da força de trabalho. Nós claramente havíamos subestimado o interesse que havia sobre esse assunto, então perdemos alguns minutos dividindo-o em subtópicos, criando duas esquinas adicionais levemente diferentes focadas na produtividade. Duas das seis esquinas originais não atraíram ninguém e foram logo fechadas. As outras conversas continuaram por cerca de 90 minutos até todos os assuntos terem sido abordados por completo por todos os participantes interessados.

A abordagem do Speaker's Corner permite aos participantes discutir o assunto sobre o qual estão mais interessados. Assuntos quentes atraem uma multidão, enquanto os menos populares são fechados. Inove a maneira como seus funcionários fazem *brainstorming* e verá uma diferença imediata na qualidade e na quantidade de suas conversas.

> O conceito do Speaker's Corner é uma técnica útil para motivar novos pensamentos. É um mercado livre em ação.

Dica 32

A distância mais curta entre dois pontos é uma linha reta

Em uma sessão recente com um cliente, separei todos da sala em grupos de dois. Então tirei um tijolo da minha pasta e fizemos a seguinte atividade:

Eu disse: "Em pares, quero que vocês desenvolvam uma lista de diferentes maneiras de usar este tijolo. A primeira pessoa talvez diga: 'Coloque o tijolo debaixo de um pneu para evitar que um carro vá ladeira abaixo'. A segunda pessoa talvez diga: 'Coloque o tijolo na caixa da privada para diminuir a quantidade de água utilizada nas descargas'. E a terceira pessoa talvez diga: 'Use o tijolo como substituto para o controle remoto quando você não encontrá-lo. Jogue-o na TV para desligá-la'. A qualidade das ideias não importa. Pensem de maneira livre. Vocês têm 1 minuto para desenvolver as soluções".

As respostas variaram entre usá-lo como peso de papel ou apoio para livros até uma arma.

Em geral, as pessoas desenvolvem suas ideias olhando para o tijolo e analisando seus atributos físicos: áspero, pesado e potencialmente perigoso. Quando ouvi os grupos de acordo

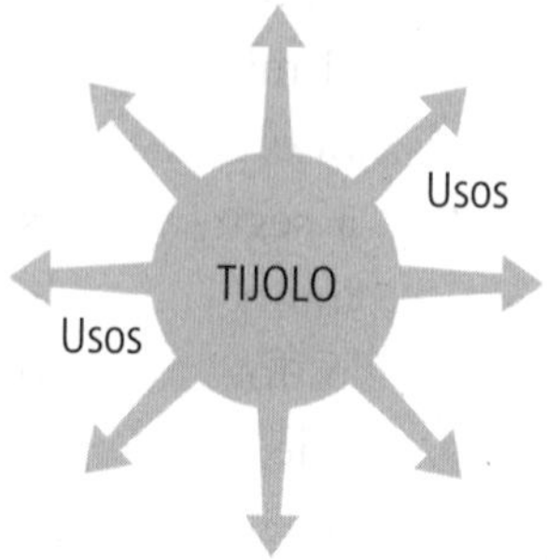

com suas respostas, descobri que a maioria tinha desenvolvido soluções muito parecidas, e que a variedade da criatividade era limitada.

Então fizemos uma segunda rodada.

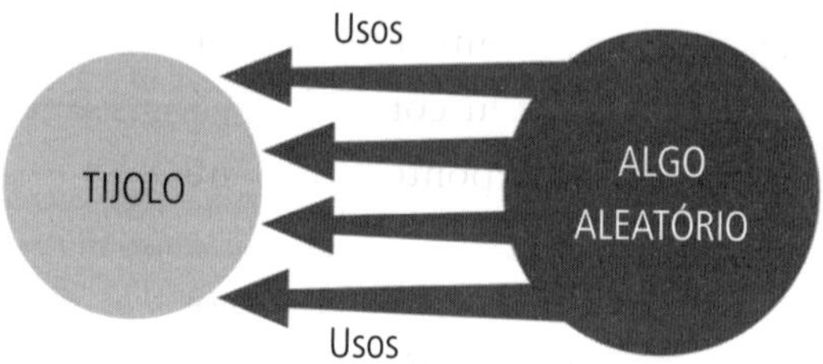

"A questão é a mesma", eu disse. "Quais são as diferentes maneiras de usar um tijolo? Mas, desta vez, em vez de olhar para os atributos físicos do tijolo, quero que pensem em algo aleatório e encontrem maneiras de usá-lo nessa situação."

"Por exemplo", continuei, "se o item aleatório for 'corpo', pensem em todas as maneiras de usar o tijolo no corpo. Vocês poderiam usá-lo como peso para aumentar os bíceps; como uma esponja para soltar as células mortas da pele. Podem equilibrá-lo na cabeça para melhorar a postura. Ou um cara baixinho como eu pode prendê-lo debaixo dos sapatos para ficar mais alto".

"A primeira pessoa da sua dupla vai nomear algo aleatório. A segunda pessoa então terá 1 minuto para desenvolver o maior número de usos possível para o tijolo nesse contexto aleatório. Então vocês irão trocar, e a segunda pessoa vai nomear algo aleatório, enquanto a primeira irá criar a lista de usos."

A diferença nos resultados foi assombrosa. Dessa vez, houve uma variedade muito maior de soluções geradas.

Tenho ouvido plateias ao redor do mundo para ver qual abordagem, na opinião delas, leva a soluções mais criativas. De maneira consistente, entre 75% e 95% dos membros das plateias escolheram o segundo método – ligado a algo aleatório –, que chamo de "pensamento linear". E chamo o primeiro método de "pensamento pontual": olhar os atributos de um tijolo/problema e gerar soluções a partir disso.

Por que a maioria das pessoas escolhe o segundo método? Talvez porque o "pensamento linear" representa a verdadeira essência da criatividade. Ou como Steve Jobs disse certa vez: "Criatividade é apenas ter pontos suficientes para ligar". A palavra-chave é ligar.

Como usar esse conceito para desenvolver soluções novas? Escolha um objeto aleatório. Quando você pensa ou olha para ele, que soluções lhe vêm à mente? Quais são as características desse objeto? Como essas características podem ajudá-lo a resolver um problema?

Onde você consegue ideias que estimulam esse processo?

- *Tendências*: identifique tendências e então force associações. Associações são o pensamento linear em ação. Observe tendências específicas do seu setor e tendências mais gerais. Por exemplo, como uma população em processo de envelhecimento pode dar uma ideia para um produto ou serviço novo?

- *Palavras, expressões e idiomas*: use um dicionário, livro de frases ou um guia de citações. Escolha uma palavra aleatória e veja como ela pode estimular novas soluções.
- *Revistas*: pegue um monte de revistas que não tenham a ver com o seu negócio. Então recorte fotos, títulos ou qualquer outra coisa que atraia a sua atenção. Force associações e lembre-se de encontrar soluções reais e tangíveis em vez de trivialidades sem serventia.
- *Olhe em volta*: olhe a sua sala e force associações com os itens aleatórios que visualizar.

O segredo é tornar-se um mestre em ligar os pontos.

As próximas técnicas são variações do exercício com o tijolo e foram criadas para ajudar a desenvolver soluções novas ou novas aplicações para soluções já existentes.

As duas maneiras de pensar – pontual e linear – são abordagens válidas e úteis para a resolução de problemas. Na verdade, as duas são necessárias. O pensamento pontual tende a levar a ideias incrementais ou de melhoria que são críticas para a operação do dia a dia de qualquer negócio, para o crescimento a curto prazo e para a resolução de problemas tradicionais. No entanto, quando estiver procurando soluções mais radicais, que estimulem o crescimento estratégico a longo prazo, o pensamento linear é a escolha certa.

> "Criatividade é apenas ter pontos suficientes para ligar."
> – Steve Jobs.

Dica 33

Alguém já resolveu o seu problema

Imagine que você quer criar um adesivo à prova d'água biodegradável que também seja seguro para ser usado dentro do corpo humano como reforço de suturas e grampos cirúrgicos. Onde você procuraria? Pense na possibilidade de que alguém talvez já tenha resolvido esse problema. Ou no caso de um adesivo médico, *algo* já resolveu esse problema. Ao estudar as patas das lagartixas, que desafiam a gravidade, pesquisadores foram capazes de desenvolver um novo tipo de adesivo médico exatamente com essas propriedades.

A melhor maneira de encontrar rapidamente soluções para o seu desafio é identificar alguém que já resolveu o problema – mas em um contexto diferente. Isto é, alguém de outro setor, área do conhecimento ou de atuação pode ter a solução.

Anteriormente mencionei como um fabricante de pasta de dentes desenvolveu um novo conceito para clarear os dentes usando os mesmos agentes azuis usados nos sabões em pó para clarear as roupas.

Outra inovação das pastas de dentes vem da GlaxoSmithKline: uma pasta Aquafresh isoativa baseada na ideia de um gel de limpeza da GSK que vira espuma durante o uso, parecido com os géis para barbear. A pasta de dentes vem na forma de gel, mas vira espuma na boca. Essa fórmula remove 25% mais bactérias do que as pastas de dentes comuns e provou ser um sucesso no mercado.

Todas essas pesquisas sobre pastas de dentes me fez pensar. Se os fabricantes desse produto podem encontrar soluções em cremes de barbear e sabões em pó, onde mais eu poderia olhar? Para gerar conceitos novos, escolhi alguns itens da minha casa para ligar com a pasta de dentes:

1. *Pop Rocks*: é um doce gaseificado que explode na boca. E se você acrescentar cristais de Pop Rocks à pasta de dentes? Ela não apenas iria fazer espuma, mas também borbulhar e explodir e talvez dinamitar a placa dos seus dentes.
2. *Xampu*: os xampus contêm vitaminas e minerais. E se você colocasse esses ingredientes na pasta de dentes além do flúor? Ou talvez você pudesse acrescentar alguns remédios homeopáticos. A administração sublingual (debaixo da língua) é uma maneira comum e eficiente de administrar drogas diretamente na corrente sanguínea e pode ser útil para quem que não gosta de engolir pílulas.
3. *Condicionador*: usamos o xampu para limpar e o condicionador para proteger. E se criássemos uma pasta de dentes condicionadora, uma pasta de dentes especial, que você usa depois da pasta de dentes comum? Ela poderia cobrir seus dentes para evitar manchas, mau hálito ou cáries. E se você criasse um condicionador que possui fixação, ou seja, uma pasta de dentes que é aplicada, mas não é enxaguada, e que continua funcionando o dia inteiro? Melhor ainda, eles podiam emprestar a tecnologia que combina xampu e condicionador em uma só fórmula.
4. *Hidratantes*: diversos hidratantes têm formulações para o dia e para noite. Um é usado de manhã, e o outro, à noite, antes de dormir. A fórmula para o dia da pasta de dentes poderia conter cafeína, que poderia ser absorvida pela corrente sanguínea

de maneira sublingual. E a fórmula para a noite poderia conter melatonina, para ajudar a dormir melhor.

5. *Produtos emagrecedores*: e se você pudesse criar uma pasta de dentes que reage com certos alimentos não saudáveis, fazendo com que eles fiquem com gosto ruim? Isso poderia fazer com que você diminuísse a quantidade de alimentos que ingere. Ou se você criasse uma pasta de dentes com um inibidor de apetite?

Claro que a reposta mais radical pode ter a ver com um produto que elimine a necessidade de escovar os dentes de uma vez por todas.

O objetivo desse exercício é nos levar a uma das perguntas mais úteis do mundo da criatividade: "Quem mais já resolveu esse problema?".

Quando você faz essa pergunta, talvez encontre rapidamente uma solução para o seu desafio. Para encontrar soluções obtidas por outras áreas de atuação, processos, produtos ou disciplinas, faça as perguntas a seguir:

- Qual problema você quer resolver (por exemplo, como fazer os dentes ficar mais brancos sem abrasivos ou cloro)?
- Qual é a maneira mais abstrata de formular esse problema (por exemplo, como fazemos algo branco ficar ainda mais branco)?
- Quem mais está lidando com um problema parecido (por exemplo, sabões em pó que usam agentes azuis)?
- Como você pode adaptar a solução deles para o seu problema (por exemplo, criar uma pasta de dentes com uma tinta azul no meio)?

Como esse conceito foi usado no mundo real?

Uma empresa de gasodutos desenvolveu uma tecnologia nova para descobrir e vedar rachaduras nos dutos imitando os agentes coagulantes do corpo humano.

Uma empresa de aluguel de barcos usa um modelo de assinatura parecido com o da Netflix, que permite ao assinante receber um número ilimitado de DVDs por mês, mas ele só pode ter um número limitado de títulos em casa (dependendo do tipo de assinatura) de cada vez. Uma empresa de barcos dá a seus membros acesso ilimitado a diversos barcos, com duas reservas em aberto em qualquer momento. Assim que você usa uma reserva, recebe outra.

Uma empresa queria encontrar uma maneira melhor de diagnosticar problemas de computador. Ela queria ter a habilidade de replicar o problema para que pudesse recriá-lo. O que resolveu isso? O gravador de vídeo digital. A ideia surgiu quando o inventor Jonathan Lindo se perguntou: "Não seria ótimo se eu pudesse gravar isso com o gravador de vídeo digital e repetir depois?". Como resultado, o ReplayDIRECTOR foi criado para registrar todas as suas atividades, permitindo-lhe repeti-las depois, para ajudar a diagnosticar problemas no computador, de maneira parecida com o gravador de vídeo digital.

As soluções podem vir de qualquer lugar.

Às vezes, as melhores soluções já existem dentro da sua organização. No vocabulário da inovação, o compartilhamento de ideias entre unidades de negócio e marcas é chamado de "convergência". Para muitas organizações, como a Johnson&Johnson, esse é um dos componentes mais importantes do seu programa de inovação. Basta você formular a questão de maneira apropriada para identificar a linha de produtos, a função, a divisão ou a marca mais apropriada na qual esse problema já foi resolvido.

E, claro, em alguns casos, a melhor solução virá de fora da sua empresa, ou mesmo de fora do mundo dos negócios.

De onde virá a sua próxima grande inovação?

> A pergunta mais útil no mundo da criatividade é:
> "Quem mais já resolveu esse problema?".

Dica 34

Adapte seu produto a um novo ambiente

Apesar de os fabricantes de etiquetadoras venderem seus produtos principalmente por meio de lojas de material de escritório, os usos do produto são ilimitados. Um desses fabricantes, em uma tentativa de expandir seu alcance, fez uma lista de duzentos possíveis segmentos de consumidores: hospitais, escritores, fazendeiros, técnicos em computação, colecionadores ou *concierges* de hotéis. Então, a cada dia, o fabricante escolhia um item de sua lista e desenvolvia uma lista de possíveis oportunidades de *marketing*. Apesar de em alguns casos uma pequena adaptação do produto ser necessária, em muitos outros era apenas uma questão de mudar os materiais de *marketing*.

As dicas anteriores tinham a ver com criar novos produtos. Mas, às vezes, a melhor inovação tem a ver com pegar algo que já existe e adaptá-lo para um novo ambiente. Como você venderia seus produtos/serviços para um mercado consumidor completamente diferente do que você em geral vende? Faça uma lista aleatória de metas potenciais e force uma associação entre seu produto e as necessidades daquele mercado. Então encontre maneiras de divulgar e embalar seu produto para atender àquelas necessidades.

Como você pode pegar um produto que não tem nenhum mercado potencial e transformá-lo em uma galinha dos ovos de ouro? Pense na Arm & Hammer, marca de produtos de limpeza norte-americana. O bicarbonato de sódio é uma *commodity*. E como poucas pessoas assam bolos ou pães a partir do zero hoje em dia, fazer com que as pessoas comprem bicarbonato de sódio é um jogo perdido. O que você faz? A Arm & Hammer transformou seu simples bicarbonato de sódio em um império de produtos associados. Odorizadores de geladeira 100% feitos com bicarbonato de sódio em uma embalagem inteligente. Odorizadores de carpete, feitos quase completamente com bicarbonato de sódio, melhorados com uma fragrância suave. Alvejantes, pastas de dentes, limpadores de panelas, polidores, e muito mais. A empresa pegou um produto simples e o ampliou de formas que nunca haviam sido pensadas antes.

Apesar de nem sempre ser indicado se afastar tanto assim do seu público ou produto central, a inovação adaptativa às vezes pode fornecer um aumento de rendimentos sem a necessidade de investir pesado em novos produtos.

Às vezes, a melhor inovação tem a ver com pegar algo que já existe e adaptá-lo para um novo ambiente.

Dica 35

Não rime "nÃO" com inovaÇÃO

A comédia improvisada é uma ótima ferramenta para treinar a criatividade. O grande improvisador Neil Mullarkey (sim, esse é o seu nome verdadeiro) certa vez me ensinou um jogo de improvisação chamado "sim, mas". O objetivo é contar uma história, uma pessoa de cada vez, sem usar as palavras "sim, mas".

Isso é relevante para a inovação porque muitas pessoas rimam "não" com inovação. Muitas vezes as ideias novas batem de frente como a resposta imediata, "sim, mas", seguida por uma dúzia de razões pelas quais aquela ideia não funciona – não temos dinheiro suficiente, não temos tempo suficiente, é bom para os outros, mas não para a gente. Em vez disso, use "sim, e". Essa é uma técnica de comédia de improvisação modificada na qual você se baseia nas ideias dos outros usando as palavras "sim, e" enquanto elimina o "sim, mas" do seu vocabulário.

A próxima vez que tiver um problema para resolver, como inventar o novo *design* moderno do seu produto, experimente esse jogo. Uma pessoa propõe a primeira ideia, e então você continua com "sim, e" baseando-se na ideia anterior. O segredo é evitar pensar demais. Respostas rápidas tendem a usar uma parte do cérebro que normalmente não usamos durante nosso processo normal de pensamento. Só tenha certeza de que sua resposta é uma contribuição. Ela deve contribuir para o que a pessoa anterior disse em vez de invalidá-la. Você irá desenvolver várias ideias novas ao longo do jogo. Muitas delas serão tranqueiras. Não se preocupe! Brinque. Divirta-se. Você nunca sabe quando irá encontrar um tesouro de verdade. Afinal, é apenas um jogo. Como o tempo, isso passará a ser um modo normal de funcionar. Você irá se tornar o mestre do pensamento inovador frequente ao contribuir para as ideias dos outros. Como Sir Isaac Newton disse uma vez: "Se eu vi mais longe, foi só por estar de pé sobre os ombros de gigantes".

Claro que, ao despejar ideias, surgirão preocupações que precisarão ser resolvidas. Não se pode simplesmente jogar o "sim, mas" para debaixo do tapete. Nessas situações, aprenda a expressar as preocupações como desafios. Por exemplo, ao fazer um *brainstorming*, é inevitável que alguém diga: "Não temos tempo suficiente para implantar essa ideia" ou "Não temos dinheiro suficiente". Ao contrário disso, expresse essa preocupação como um desafio, perguntando: "Como podemos conseguir mais dinheiro?", ou "Como podemos fazer isso gastando menos dinheiro?". Assim que um desafio novo for definido, é possível usar qualquer uma dessas técnicas de criatividade para encontrar novas soluções.

Pratique isso todos os dias. Se tiver dificuldades em superar o "sim, mas" mentalmente, coloque um vaso em sua casa ou no escritório. Toda vez que você disser, "sim, mas", coloque 1 real no vaso para ajudar a aumentar a consciência e evitar expressar essas reações negativas às suas ideias (ou dos outros). Trata-se de uma maneira divertida e segura de dar retorno aos seus pares. Use o dinheiro para fazer aulas de aperfeiçoamento.

> No jogo de improvisação "sim, mas", o objetivo é contar uma história, uma pessoa de cada vez, sem usar as palavras "sim, mas".

Dica 36

Como tornar o impossível possível?

Os mágicos são mestres na inovação. Eles tornam o impossível possível. Decidem: "Ei, quero cortar uma mulher ao meio", e então encontram uma maneira de fazê-lo sem matar a moça.

Uma lição útil para o pensamento criativo pode ser aprendida com isso.

Às vezes, ficamos presos a coisas banais, pensando no que é real e no que é verdadeiramente possível.

Mas, e se você pudesse se tornar um mestre em fazer o que parece impossível se tornar possível? E se, em vez de solucionar desafios possíveis, você começasse a resolver os que parecem impossíveis? E se, em vez de procurar soluções realistas para os desafios, você começasse com soluções que parecem impraticáveis?

Na hora de resolver problemas, normalmente tentamos sair do ponto A (onde estamos hoje) e ir até o ponto B (aonde queremos chegar). Mas, às vezes, falhamos e acabamos ficando no ponto A.

No entanto, se mirarmos no ponto C (aparentemente impossível), mesmo que não cheguemos lá, podemos simplesmente atingir o ponto B.

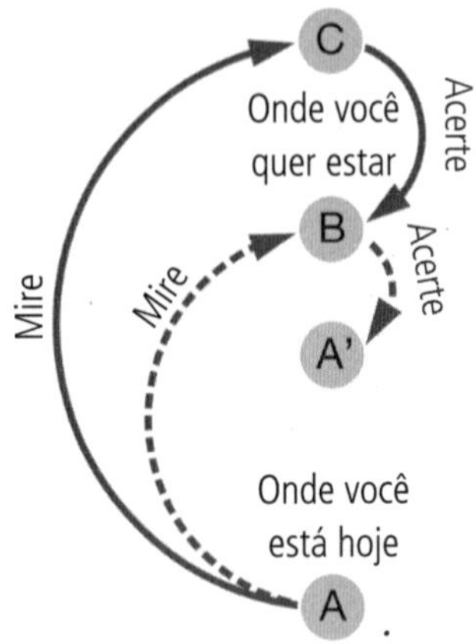

Na hora de resolver um problema, uma questão útil a se fazer é: "Quais são as soluções impossível ou impraticáveis?". Essa pergunta irá ampliar o seu pensamento. A partir daí, é possível descobrir maneiras de fazer com que essas soluções impraticáveis se tornem possíveis. Para encorajar esse tipo de pensamento, experimente essa técnica. Ela pode ser feita em pares ou em grupos pequenos e é realizada em alguns passos simples.

1º passo: como sempre, tenha uma oportunidade/desafio claramente definido. Por exemplo: "Como posso promover nosso novo negócio baseado na internet?".

2º passo: uma pessoa cria uma solução ultrajante. Normalmente sugiro que, se não for "ilegal, imoral e impossível", provavelmente não é louca o suficiente. Por exemplo: "Arrume as estrelas do céu para escrever o endereço do *site*".

3º passo: a outra pessoa (ou pessoas) faz uma lista de três coisas de que gostou em relação a essa solução. Por exemplo: a) O mundo inteiro pode ver; b) É permanente; c) Não agride o ambiente.

4º passo: a seguir, a outra pessoa (ou pessoas) faz uma lista com três coisas que tornariam a solução ainda melhor. Por exemplo: a) Fazer com que fique visível 24 horas por dia, e não apenas à noite; b) Fazer de uma maneira que não seja preciso olhar para cima para ler; c) Criar um conceito de modo que as pessoas não precisem anotar o endereço do *site*.

5º passo: finalmente, use os atributos identificados nos passos 3 e 4 para refinar a solução original ou desenvolver outras. Exemplos: o atributo 4a (visível 24 horas por dia) pode fazer com que o endereço do *site* seja mostrado em anúncios luminosos na Times Square, em Nova York. "Vinte e quatro horas por dia" e "estrelas" podem fazer com que você pense sobre estrelas de cinema e como elas podem promover seu negócio. Ou o atributo 3b (tornar permanente) pode fazer com que você pense sobre outras coisas permanentes, como tatuagens. E se você criasse uma tatuagem temporária com um desenho bonito? Ou conseguisse que os donos de casas noturnas estampassem o endereço do seu *site* nas mãos das pessoas quando elas entram?

Essas abordagens funcionam bem porque o segundo passo lhe permite pensar sem limitações. O terceiro passo "valida" a solução original e a pessoa que a gerou. E os passos 4 e 5 tornam a solução possível.

Em vez de só ir atrás do que parece realizável, mire no que parece impossível... e torne-o possível.

> E se você pudesse se tornar um mestre em fazer o que parece impossível se tornar possível? E se, em vez de procurar soluções realistas para os desafios, você começasse com soluções que parecessem impraticáveis?

Dica 37

Coloque-se no lugar de alguém

Pense na última vez em que você comprou um carro. O que você percebeu enquanto saia da concessionária dirigindo seu carro novinho em folha? Percebeu que todo mundo parecia estar dirigindo o mesmo carro? Claro que o número de carros iguais ao seu na rua não aumentou de um dia para o outro. Pelo contrário, quando mudamos o "filtro" pelo qual olhamos para o mundo, mudamos a maneira como ele se mostra para nós.

Como só podemos ver o mundo por meio do filtro que construímos ao longo do tempo, a única maneira de mudar de perspectiva é mudar de filtro. Infelizmente, é difícil "ver" o filtro que você está usando. Às vezes é mais fácil substituir o filtro atual por um novo.

Experimente isto: todos os dias, ao acordar, convença-se de que é uma pessoa diferente. Finja que você é um detetive, um mecânico, um artista ou um jardineiro. Realmente não importa quem escolher ser. Então começará a ver coisas ao longo do dia que não tinha notado antes. Ao focar em elementos diferentes, começará a ter novas experiências e novos pontos de vista.

Você também pode usar esse conceito de maneira mais analítica durante sessões de *brainstorming*. Para fazer isso, siga os passos a seguir:

- Identifique a pessoa que quer simular. A escolha pode ser aleatória. Ou você pode escolher pessoas que são de áreas completamente diferentes e que resolveram problemas parecidos. Quais são suas características principais? Por exemplo, você pode escolher Walt Disney, que é conhecido por ter criado experiências mágicas.
- A seguir, pergunte: "Como essa pessoa resolveria esse problema?". Se fosse contratá-lo como consultor da sua organização, o que ele deveria sugerir? Disney pode encorajá-lo a redesenhar a experiência do seu cliente para que seja mais atraente, mesmo quando os clientes estão esperando em uma fila.

A criatividade exige que vejamos o mundo com olhos renovados. Infelizmente, é difícil superar pontos de vistas arraigados e pensamentos habituais. Ao nos colocarmos no lugar de outra pessoa, vemos o mundo por meio dos olhos dela, o que nos oferece posições estratégicas diferentes.

Todos os dias, ao acordar, convença-se de que é uma pessoa diferente.

Dica 38

Inovação é brincadeira de criança

Lembro-me de certa vez observar dois meninos brincando em um quintal. Eles usavam lençóis como capas. O primeiro usava seus dedos como um revólver e apontou para o outro dizendo: "Vou destruir você com meu *laser*". Ao que ele respondeu: "Tudo bem, porque estou usando minha roupa espelhada, então o *laser* está voltando para você". E a brincadeira continuou por horas até o almoço.

O conceito de brincadeira pode ser uma ferramenta útil para aumentar a criatividade. Ele torna o trabalho mais divertido, reduz o estresse e faz com que as pessoas se envolvam na ação. No entanto, nem todas as brincadeiras são iguais. Os jogos que os adultos jogam certamente não são brincadeira de criança.

Os jogos dos adultos tendem a ter regras rígidas, um final, ganhadores e perdedores. Pense bem: *monopoly*, pôquer ou basquete. Todas essas atividades têm um conjunto complexo de regras que os jogadores devem aceitar. Se você quebra as regras, "vai para a prisão", e é desclassificado ou penalizado. E esses jogos têm um final bem definido. O jogo acaba quando todos os outros jogadores estão sem dinheiro, quando todos já tiveram a sua vez ou quando o relógio diz que não há mais tempo. E quase todos os jogos adultos têm um ganhador e um ou mais perdedores. São competições. Apesar de poderem ser divertidos, tendem a colocar o foco na vitória.

Compare isso com a maneira com que as crianças brincam. Elas têm regras muito soltas, brincam até cansar e não há um conceito de ganhador/perdedor. As crianças criam as regras ao longo da brincadeira. Improvisam. Mesmo as regras universais não se aplicam às crianças. Elas podem vestir uma capa e voar pelo ar, desafiando a lei da gravidade. Raramente há um cronômetro. Elas simplesmente brincam até enjoarem da brincadeira. E então inventam uma nova. O único relógio envolvido nas brincadeiras das crianças é o que está no pulso dos pais.

Quando as crianças brincam, não há ganhadores ou perdedores. Sim, elas podem lutar batalhas com espadas imaginárias e superpoderes. E existirão vítimas que se machucarão ou morrerão no calor da luta. Mas elas voltam como novos personagens. A brincadeira não acaba com a morte de um jogador.

Os jogos adultos podem limitar a criatividade. As regras, o prazo e a pressão evitam o fluxo de ideias novas. Criam estresse.

Se você quer melhorar a criatividade, o envolvimento e a produtividade, encorajo-o a brincar como uma criança. Essas brincadeiras sem tempo, limites ou regras podem criar um ambiente de fluxo livre de pensamento. Estudos mostram que 98% das crianças com 5 anos de idade são extremamente criativas, mas apenas 2% dos adultos são assim. Não perdemos nossa criatividade, adquirimos hábitos que fazem com que ela pare de emergir.

Como isso se aplica à sua organização?

Não estou sugerindo que você saia, compre uma mesa de pebolim ou bolas de borracha, mas que encontre maneiras de ampliar sua imaginação. Uma maneira de fazer isso é ver os objetivos nobres como uma brincadeira em vez de vê-lo como um objetivo final estressante.

Imagine uma empresa que tem como meta dobrar seu negócio nos próximos cinco anos. Isso equivale a um crescimento de 14% ao ano (utilizando juros compostos). A maioria das empresas, com trabalho duro e um pouco de pensamento criativo, poderia atingir esse número, mas certamente não é fácil.

Como a taxa de 14% a ano é vista como factível, pode criar certa expectativa na cabeça de executivos e funcionários. Esse é um jogo de adulto. Ele se torna competitivo, e você (o indivíduo ou a organização) vai ganhar ou perder.

Mas e se a organização determinasse uma meta de crescimento de 50% ao ano? Esse nível de crescimento não tem precedentes e certamente iria ampliar a maneira como os funcionários pensam. Uma melhoria de 14% provavelmente pode ser obtida por meio do pensamento convencional. Mas uma meta de crescimento de 50% exige inovação.

Isso também tem um interessante impacto psicológico na organização. Como uma taxa de 50% de crescimento é algo de que nunca se ouviu falar, especialmente para uma corporação grande e bem estabelecida, obviamente ninguém dentro da organização estaria esperando esse resultado. Claro que os executivos de alto escalão não esperariam que seus funcionários atingissem essa meta.

Como consequência, a meta de 50% se torna uma "brincadeira". Desde que todos dentro da organização acreditem que estão jogando um jogo que foi criado para dar energia e que não foi criado especificamente em torno de uma meta a ser alcançada, naturalmente começarão a ficar mais motivados. Isso, por sua vez, irá estimular a criatividade. Mesmo que a empresa não atinja a taxa de crescimento de 50%, ela certamente terá mais chances de atingir os 14% do que se focasse nesse objetivo final.

Nas palavras de Michelangelo: "O maior perigo para a maioria de nós não é o fato de que nosso objetivo está alto demais e não o alcançamos, mas de que ele está baixo demais e o atingimos".

> "O maior perigo para a maioria de nós não é o fato de que nosso objetivo está alto demais e não o alcançamos, mas de que ele está baixo demais e o atingimos."
> – Michelangelo.

Dica 39

Às vezes faz sentido não fazer sentido

Algumas das ideias mais criativas vêm das combinações mais fora do comum. Imagine uma máquina caça-níqueis que facilite combinações sem sentido entre parâmetros como "quem, onde, quando, como e quanto". Quando você puxa a alavanca, combinações aleatórias são geradas.

Por exemplo, se você recebeu a tarefa de redesenhar o processo de pagamento no caixa do supermercado, talvez olhe para os parâmetros "quem", "onde" e "quando".

- As opções "quem" podem ser o operador de caixa, o cliente, um funcionário aleatório ou ninguém.
- As opções "onde" podem ser a caixa registradora, a prateleira, o carrinho de supermercado, a casa ou a saída.
- As opções "quando" podem ser enquanto coloco um item no carrinho, depois de fazer todas as compras ou antes de fazer as compras.

A combinação típica de um processo de pagamento no caixa de um supermercado é que ele é realizado pelo operador de caixa (quem), na caixa registradora (onde), depois que as compras foram feitas (quando).

Quando você gira as rodas do caça-níqueis pode conseguir algumas combinações aleatórias como as seguintes:

- *Opção aleatória 1*: o cliente (quem) escaneia enquanto faz suas compras (quando) no seu carrinho de supermercado (onde). Vários supermercados agora usam esse sistema de pagamento, no qual os clientes podem escanear seus itens durante as compras com um escâner de mão.
- *Opção aleatória 2*: o escaneamento é feito na saída (onde) por ninguém (quem) depois que todas as compras forem feitas (quando). Para fazer com que essa opção funcione, a tecnologia de identificação por radiofrequência poderia ser usada para que todas as compras sejam escaneadas quando o cliente sai da loja. Se o cliente tem uma etiqueta com essa tecnologia em seu chaveiro e que está ligada a um cartão de crédito, o escaneamento de itens individuais poderia ser eliminado.
- *Opção aleatória 3*: o cliente (quem) escaneia em casa (onde) antes de fazer as compras (quando). Se o cliente tem um escâner ligado à sua lixeira, pode escanear o código de barras depois que o produto for usado, e a embalagem vazia é jogada fora. Isso poderia disparar uma reposição para ser entregue em casa.

Você entendeu a ideia. As possibilidades são infinitas. Apesar de muitas combinações acabarem sendo tranqueiras, você pode encontrar uma boa que pode valer muito a pena.

E você não precisa construir sua própria máquina caça-níqueis. Simplesmente faça listas das diferentes opções para cada parâmetro e então escolha aleatoriamente uma de cada coluna.

Quem	Quando	Onde
Operador de caixa	Depois das compras	Na caixa registradora
Cliente	Antes das compras	Na prateleira
Chefe de seção	Durante as compras	No carrinho
Tecnologia automatizada	Antes de ir à loja	Em outro lugar
Outra pessoa	Depois de sair da loja	Na casa do cliente
Ninguém	Depois de usar o produto	Na saída

Usar essa abordagem é uma ótima maneira de revelar suposições implícitas sobre o negócio. Quando você gera combinações que são diferentes das usadas no passado, as pessoas certamente dirão: "Ei, não podemos fazer isso porque...". Então você começa a descobrir as suposições subjacentes. É aí que a verdadeira criatividade pode surgir.

Combinações sem sentido podem levar a soluções realmente lógicas.

Combinações sem sentido podem levar
a soluções realmente lógicas.

Dica 40

Preveja o que a concorrência vai fazer

Em 22 de dezembro de 2001, Richard Reid foi pego com explosivos plásticos na sola dos sapatos. É por isso que agora temos que caminhar descalços pelos aeroportos enquanto nossos sapatos são escaneados. Em 9 de agosto de 2006, 24 pessoas foram presas no Reino Unido porque estavam planejando trazer líquidos explosivos para dentro de aviões que partiam do aeroporto de Heathrow. Como consequência, agora temos de viajar com xampus, cremes de barbear e pastas de dentes em miniatura.

A Enron veio abaixo. O que foi feito em resposta a isso? Leis severas, como o Sabarnes-Oxley Act, foram implementadas nos Estados Unidos. Quando as instituições financeiras começaram a hesitar, 700 milhões de dólares do dinheiro dos contribuintes norte-americanos foram gastos para resolver a bagunça.

Esses são exemplos de uma abordagem "reacionária" da inovação. Espere algo acontecer e então tente criar uma resposta.

Muitas organizações usam a criatividade para ajudar a determinar o que fazer a seguir de acordo com as informações atuais. Elas fazem *brainstorming* para obter ideias, selecionam as melhores soluções e então põem em prática as mais promissoras. A criatividade é usada para determinar o que *sua organização* vai fazer.

Mas nessa época de mudanças rápidas, a criatividade pode ser ainda mais valiosa para determinar o que o *mercado e seus concorrentes* vão fazer. Ou, se você está na administração pública, ela pode ajudar a determinar o que bancos e terroristas vão fazer.

Quando foi a última vez que você fez uma sessão de *brainstorming* em que fazia as seguintes questões?

- De que mais temos medo que os nossos concorrentes façam?
- Quem não é um concorrente agora, mas pode vir a ser no futuro?
- Que mudança deve acontecer nos hábitos de consumo dos nossos clientes que pode tornar nosso produto/serviço menos atraente?
- Como a economia ruim pode ajudar nossos negócios?
- Quais produtos ou serviços estão surgindo que podem tornar nosso negócio irrelevante?

A lista de perguntas pode ser interminável – e valiosa. Em sua próxima sessão de *brainstorming*, tente o seguinte:

- Crie sua própria lista de perguntas, a partir da mostrada acima.
- Determine com quais você quer lidar primeiro.
- Faça um *brainstorming* utilizando diversas técnicas de criatividade para identificar resultados "possíveis".
- Para cada um daqueles que forem considerados plausíveis, crie uma lista de "gatilhos". Essas são condições de mercado que dizem a você que determinado cenário está deixando de se tornar "possível" para se tornar "plausível".

- Monte um sistema de "radar" corporativo para ajudar a monitorar as condições externas. Tenha tudo pronto para que você possa executar inovações críticas quando as condições do mercado mandarem.

Essa abordagem mistura criatividade e planejamento baseado no cenário. Isso ajuda a se afastar das soluções reativas e leva em direção às proativas. E no mundo volátil de hoje, talvez esse seja exatamente o segredo para sua sobrevivência a longo prazo.

> Nessa época de mudanças rápidas, a criatividade pode ser ainda mais valiosa para determinar o que o *mercado e seus concorrentes* vão fazer.

Apêndice A

Tecnologias que facilitam a inovação

Até agora, este livro trouxe dicas de como alavancar processos, estratégias, pessoas e números para a inovação. No entanto, no mundo acelerado de hoje, a tecnologia se tornou um importante facilitador de todo o processo de inovação, e existem diversas plataformas de *software* para ajudar nesse processo.

As funcionalidades variam de plataforma para plataforma. Alguns desses produtos permitem que os administradores definam desafios específicos e então procurem soluções, enquanto outros são especialmente úteis para reunir ideias e *insights* dos consumidores. Algumas ferramentas permitem votar e avaliar, enquanto outras usam "mercados preditivos" mais sofisticados. E alguns são melhores para colaboração interna, enquanto outros são otimizados para o *crowdsourcing* externo.

Cada ferramenta tem suas próprias vantagens e limitações associadas a elas.

Aqui estão alguns jogadores no espaço da inovação colaborativa (em ordem alfabética): pesquisar se existe algum site semelhante no Brasil?

- Brightidea (www.brightidea.com)
- Hype (www.hypeinnovation.com)
- Imaginatik (www.imaginatik.com)
- InnoCentive (www.innocentive.com)
- Jive (www.jivesoftware.com)
- Salesforce's "Ideas" (www.salesforce.com/crm/customer-service- support/ideation)
- Spigit (www.spigit.com)

Existem outros produtos que servem para outros propósitos. Por exemplo, o Invention Machine's Goldfire (www.inventionmachice.com) ajuda a automatizar tarefas de inovação comuns, já o Thought-Office (www.thoughtrod.com) melhora os *brainstormings*.

Como o cenário da tecnologia muda rapidamente, qualquer coisa impressa em um livro fica ultrapassada no momento em que ele chega às livrarias. Portanto, criei uma página com os melhores e mais recentes *links* para ferramentas e outros produtos que facilitam a inovação. Você pode encontrá-la em www.stupidpractices.com/innovationtools

Apêndice B

Descubra seu estilo de inovação

Na dica 26, foi discutida a necessidade de pontos de vista divergentes. E sugeri especialmente que você deveria montar equipes com representantes de todos os estilos de inovação. Mesmo que esteja faltando apenas um, seus esforços de inovação irão sofrer.

Logo em seguida, há uma tabela simples que pode ajudá-lo a avaliar rapidamente o estilo de inovação de cada pessoa da sua equipe. Você pode baixar uma cópia no meu *site*:

www.stupidpractices.com/innovationstyles

Para cada linha, classifique as palavras que mais ou menos se parecem com você, sendo que 1 representa as que mais se parecem com você e 4 representa as que menos se parecem.

Por exemplo, se você é aventureiro, mas não muito objetivo, talvez classifique a primeira linha assim: intelectual 3, aventureiro 1, objetivo 4, motivador 2.

A	B	C	D
Intelectual	Aventureiro	Focado no objetivo	Incentivador
Especialista	Espontâneo	Motivado	Diplomático
Capacitado	Corajoso	Decidido	Sociável
Filosófico	Flexível	Direto	Reúne pessoas
Exigente	Versátil	Competitivo	Popular
Analítico	Criativo	Disciplinado	Dá apoio
Lógico	Visionário	Organizado	Tem empatia
Motivado por dados	Cabeça aberta	Estruturado	Compassivo
Realista	Perspicaz	Sistemático	Leal
Racional	Curioso	Metódico	Atencioso
Total	Total	Total	Total

Resultado do seu teste de estilo de inovação

Para descobrir o resultado, some as colunas. A coluna com o *menor* resultado é o seu estilo.

- Se a coluna A apresentou o menor resultado, você é analítico e motivado por fatos.
- Se a coluna B apresentou o menor resultado, você gosta de gerar ideias criativas e participar de experiências novas.

- Se a coluna C apresentou o menor resultado, você prefere planos e ações.
- Se a coluna D apresentou o menor resultado, seu foco está nas pessoas.

Dizem que os representantes das colunas A e C usam o lado esquerdo do cérebro e são típicos pensadores pontuais (veja dica 32). Eles são bons em desafiar ideias e ajudam a caminhar em direção a soluções que são implementáveis e irão acrescentar valor. O risco é que esses indivíduos podem murchar a inovação por questionar demais durante os estágios divergentes da inovação.

Dizem que os representantes das colunas B e D usam o lado direito do cérebro e são típicos pensadores lineares, pois são mestres em ligar os pontos. Eles são bons em desenvolver novos conceitos e fazer com que os outros participem do processo. O risco é que eles se percam na criatividade em nome da criatividade ou se preocupem demais sobre como os outros se sentem, à custa de poderosas soluções de negócio.

O processo de inovação passa por A, B, C e D. E apesar de cada estilo ter algum papel em cada passo, cada estilo é mais adequado para um determinado passo.

- *Defina o desafio*: isso é feito melhor pelos As motivados pelos dados.
- *Gere soluções*: os Bs podem ajudar a desenvolver soluções criativas.
- *Planeje e execute*: – os Cs metódicos e focados no objetivo irão garantir o progresso.
- *Reúna corações e mentes*: os Ds focados nas relações podem motivar funcionários e clientes para que todos comprem e coloquem em prática as soluções.

Cada estilo é essencial para o processo de inovação.

Acesse www.personalitypokerbook.com e saiba mais sobre o meu Jogo de Pôquer da Personalidade. Isso lhe dará uma avaliação ainda mais precisa da sua equipe, de uma maneira muito interativa, colaborativa e divertida.

Para os que já jogaram o Pôquer da Personalidade, as colunas representam os naipes desta forma:

- Coluna A = espadas
- Coluna B = ouros
- Coluna C = paus
- Coluna D = copas

Agradecimentos

Para mim, os agradecimentos são a parte mais difícil de escrever. Ao longo dos anos, muitas pessoas contribuíram com conceitos, comentários e conteúdo que acabaram resultando neste livro. Seria impossível agradecer a todos. Mas quero identificar algumas pessoas, sabendo que muitas outras também contribuíram.

Antes de tudo, quero agradecer à minha irmã, Deborah Shapiro. Ela trabalhou de maneira incansável (mais uma vez) contra o tempo para tornar este livro realidade. Sem ela, certamente eu não teria visto a luz do dia. Adoro-a como colega de trabalho, colaboradora do livro e uma amiga incrível.

Tenho a honra de ter Bonnie Solow como minha agente literária. Seu trabalho vai muito além do livro. Ela funciona como caixa de ressonância, conselheira de negócios e terapeuta.

Um agradecimento especial para Susanne Goldstein. Quando precisei de alguém que me desse uma opinião hipercrítica sobre uma primeira versão do manuscrito, ela ficou feliz em ajudar. Leu o livro de ponta a ponta e fez comentários incríveis que melhoraram enormemente a leitura. Não tenho como agradecer o suficiente por sua contribuição para este livro e para minha vida.

Apesar de haver literalmente centenas de pessoas que ajudaram a tornar este livro possível, gostaria de agradecer a algumas em especial: Mick Simonelli e Janelle Dziuk, da USAA; Dwayne Spradlin e Alph Bingham, da InnoCentive; Susan Baird e Larry Morse, ambos ex-funcionários da Quill Corporation; Katja Bressette; Scott Halford; Brad Kolar; Jason Bates; Adam Leffert; Mark Effinger; Michelle Joyce; Mark LeBlanc; e Dan Keldsen. Cada um deles contribuiu com muito conteúdo para este livro.

Estou emocionado em ser publicado mais uma vez pelo selo Portfolio da Penguin. Obrigada a você, Adrian Zackheim, por decidir publicar este livro. Emily Angell, sei que você trabalhou finais de semana e noites para ajudar a dar a luz a este livro. E obrigado a Will Weisser, Jacquelynn Burke, Deb Lewis, e todos da Portfolio Penguin.

Também gostaria de agradecer aos meus colegas da Accenture e da InnoCentive, e a meus clientes e amigos que contribuíram ao longo do anos. Foi por meio dessas experiências que consegui reunir grande parte das minhas histórias.

Apesar de ele não ter contribuído diretamente para este livro, John Brunswick merece um agradecimento especial. Ele desenvolveu um *video game* incrível que deu vida ao meu livro anterior, *Personality Poker*, na internet. Você pode conferir seu trabalho em game.personalitypokerbook.com.

E mais importante, do lado pessoal, sou eternamente agradecido aos meus pais pelo amor e apoio que me deram por toda a minha vida. E tenho a vida perfeita porque tive pais perfeitos. Sou realmente abençoado.

Notas

INTRODUÇÃO

- Julie Schmit, "After BP Oil Spill, Thousands of Ideas Poured in for Cleanup, USA Today, 15 de novembro de 2010. Disponível em: <http://www.usatoday.com/ money/industries/environment/2010-11-15-gulfcleanup15_CV_N.htm>.
- E. B. Boyd, "Why Google's '20 Percent Time' Isn't Stemming Its Brain Drain, *Fast Company*, 29 de novembro de 2010. Disponível em: <http://www.fastcompany.com/1706155/has-google-s-20-percent-time-met-its-limit>.
- 3M Company, *A Century of 3M: The 3M Story* (3M Company, 2002). Disponível em: <http://multimedia.3m.com/mws/mediawebserver?mwsId=6666UuZjcFSLXTtlxMt4xT6EVuQEcuZgVs6EV s6E666666>.

DICA 1

- Muita gente usa esta citação de Darwin: "Não é a espécie mais forte nem a mais inteligente que sobrevive. É aquela que está mais adaptada à mudança". Mas na verdade ele nunca disse isso. Disponível em: <http://www.darwinproject.ac.uk/six-things-darwin-never-said> (em inglês).

DICA 4

- Uma variação da citação dos 59 minutos foi dita por Einstein em 1938: "A simples formulação de um problema é muito mais essencial do que sua solução, que pode ser apenas uma questão de habilidade matemática ou experimental. Levantar novas questões, novas possibilidades, olhar problemas antigos a partir de um ângulo novo exige imaginação criativa e isso marca avanços reais na ciência".

DICA 5

- Lee Fleming, "Breakthroughs and the 'Long Tail' of Innovation," *MIT Sloan Management Review*, outono 2007. Disponível em: <http://sloanreview.mit.edu/the-magazine/2007-fall/49114/breakthroughs-and-the-long-tail-of -innovation/>.
- Acesse <http://www.netflixprize.com/>.
- NASA challenges: National Innovation TRIZCON Conference, outubro 7-8, 2010, Dayton, Ohio.

DICA 9

- A verdadeira citação de Edison foi retirada de uma entrevista publicada na edição de janeiro de 1921 da *American Magazine:* "Depois de termos conduzido milhares de experiências sobre um determinado projeto sem resolver o problema, um dos meus sócios, depois de termos realizado a experiência final que se provou um fracasso, expressou desânimo e nojo sobre o fato de não termos descoberto nada. Eu alegremente lhe assegurei que havíamos aprendido algo. Porque certamente aprendemos que a coisa não podia ser feita daquele jeito e que deveríamos ter tentado de alguma outra maneira".

DICA 10

- Christian Terwiesch and Karl Ulrich, *Innovation Tournaments* (Boston: Harvard Business School Press, 2009).
- Para saber mais sobre o Cisco I-Prize, acesse: <http://www.cisco.com/web/solutions/ iprize/index.html>.
- Para saber mais sobre a competição da LG Electronics, acesse: <http://www.crowd spring.com/project/228331 1_lg-design-the-future-competition/access/>.
- Para saber mais sobre o GE ecomagination, acesse: <http://challenge.ecomagination.com/ home>.
- Para saber mais sobre o X Prize, acesse: <http://space.xprize.org/ansari-x-prize>.
- Para saber mais sobre o Pepsi Refresh Project, acesse: <http://www.refresheverything.com>.

DICA 11

- Kevin J. Boudreau and Karim R. Lakhani, "How to Manage Outside Innovation", *MIT Sloan Management Review*, 1° de julho de 2009. Disponível em: <http:// sloanreview.mit.edu/the-magazine/articles/2009/summer/50413/how-to-manage-outside-innovation/>.
- Para saber mais sobre os eventos IBM Jam, acesse: <https://www.collaborationjam.com/>.
- Stephen Shapiro, *Personality Poker: The Playing Card Tool for Driving High-Performing Teamwork and Innovation* (Nova York: Portfolio Penguin, 2010).

DICA 12

- Saul Hansell, "Ideas Online, Yes, but Some Not So Presidential", *The New York Times*, 22 de junho de 2009. Disponível em: <http://www.nytimes.com/2009/ 06/23/technology/internet/23records.html?_r=2>.

DICA 13

- Steven Spielberg, *Indiana Jones e a última cruzada*, 1989.

DICA 14

- Anne Eisenberg, "The Hearing Aid as a Fashion Statement", *The New York Times*, 24 de fevereiro de 2006.
- Kendall Haven, *Story Proof*: The Science Behind the Startling Power of Story (Westport, CT: Libraries Unlimited, 2007).
- Para saber mais sobre o Zaltman Metaphor Elicitation Technique (ZMET), acesse: <http://www.olsonzaltman.com/>.
- Para saber mais sobre o estudo da Accenture, acesse: <http://www.slideshare.net/AccentureNL/accenture-innovation-awards-2010-communications-high-tech> (slide 3).

DICA 15

- Barry Schwartz, "When Words Decide", *Scientific American Mind*, agosto/setembro 2007. Disponível em: <http://www.sciamdigital.com/index.cfm?fa=Products.ViewIssuePreview&ARTICLEID_CHAR=094D406E-3048-8A5E-10A109B5CE9BC955>.
- Ellen Florian, "The Money Machines: The Humble ATM Revolutionized the Way We Deal with Money and Turned Global Commerce into a 24/7 Affair. You Can Thank a Texan Named Don Wetzel — and the Blizzard of 1978", *Fortune*, 26 de julho de 2004. Disponível em: <http://money.cnn.com/magazines/fortune/fortune_archive/2004/07/26/377172/index.htm>.
- A história dos ácaros que se acumulam foi desmascarada. Acesse: <http://www.straightdope.com/columns/read/2545/does-a-mattress-double-its-weight-due-to-dust-mites-and-their-debris> (em inglês).

DICA 19

- As informações sobre *video games* vêm de: <http://www.xbitlabs.com/news/multimedia/display/20090211133015_Nintendo_Wii_Continues_to_Dominate_Console_Market_Xbox_360_Stagnates_PlayStation_3_Becomes_Victim_of_Economic_Recession.html>.

DICA 20

- Chip Conley, *Peak: How Great Companies Get Their Mojo from Maslow* (São Francisco: Jossey-Bass, 2007).

DICA 22

- Dan Pink, *Drive*: The Surprising Truth About What Motivates Us (Nova York: Riverhead Hardcover, 2009).
- Yerkes Dodson: <http://en.wikipedia.org/wiki/Yerkes–Dodson_law>.
- Beth A. Hennessey and Teresa M. Amabile, "Creativity", postado *on-line* pela primeira vez como Review in Advance em 19 de outubro de 2009. O *Annual Review of Psychology* está *on-line* em <psych.annualreviews.org>. O identificador desse artigo é: 10.1146/annurev.psych.093008.100416.

DICA 24

- "How Failure Breeds Success," *BusinessWeek*, 10 de julho de 2006. Disponível em: <http://www.businessweek.com/magazine/content/06_28/b3992001.htm>.
- Charles Koch, *The Science of Success*: How Market-Based Management Built the World's Largest Private Company (Hoboken: Wiley, 2007).

DICA 25

- Playbook: Best Practices, BusinessWeek *On-line*, <http://www.businessweek.com/magazine/content/06_28/b3992001.htm>.
- Martin A. Tolcott and F. Freeman Marvin, "Reducing the Confirmation Bias in an Evolving Situation", United States Army Research Institute for the Behavioral and Social Sciences, fevereiro de 1995. Disponível em: <http://www.dtic.mil/cgi-bin/GetTRDoc?Location=U2&doc=GetTRDoc.pdf&AD=ADA293570>.

DICA 26

- Clint A. Bowers, James A. Pharmer, and Eduardo Salas, "When Member Homogeneity Is Needed in Work Teams: A Meta-Analysis", *Small Group Research* 31 (2000): 305-27.
- S. Barsade, A. Ward, J. Turner, and J. Sonnenfeld, "To Your Heart's Content: A Model of Affective Diversity in Top Management Teams", *Administrative Science Quarterly* 45 (2000): 802-36.

DICA 28

- Traci Fenton, "Democracy in the Workplace", *Christian Science Monitor*, 23 de agosto de 2006. Disponível em: <http://www.csmonitor.com/2006/0823/p09s01-coop.html>.
- Traci Fenton, "Change Your Operating System", *Conference Board Review*, setembro 2010. Disponível em: <http://www.tcbreview.com/if-you-love-your-people-set-them-free.php>.

DICA 38

- George Land and Beth Jarman, *Breaking Point and Beyond* (Nova York: HarperBusiness, 1993).

este livro foi composto
em Berling e Frutiger para a Leya
em maio de 2012